NOVARTIS CAMPUS – FORUM 3

NOVARTIS CAMPUS – FORUM 3
DIENER, FEDERLE, WIEDERIN

Christoph Merian Verlag

Diese Publikation erscheint im Zusammenhang mit der Ausstellung
This publication is issued in conjunction with the exhibition

‹Novartis Campus – Forum 3›
Architekturmuseum Basel
June 11 – August 14, 2005

Das Architekturmuseum dankt den Co-Sponsoren für die Unterstützung zur Realisierung der Ausstellung / The Architekturmuseum thanks the co-sponsors for their support in realizing the exhibition:
Aicher, De Martin, Zweng AG, Luzern; Ernst Basler+Partner AG, Zürich; Vittorio Dalla Bona AG, Obernau-Kriens; Emmer Pfenninger Partner AG, Münchenstein; Marcel Fischer AG, Basel; GLAESER Innenausbau AG, Baden; INTERSIGN AG, Rotkreuz; Walter Knoll AG & Co. KG, Herrenberg; POLIFORM S.p.A., Inverigo; Ruckstuhl AG, Langenthal; Schmidlin AG, Fassadentechnologie, Aesch; Vitra AG, Birsfelden

Impressum / Colophon
Bibliografische Information der Deutschen Bibliothek:
Die Deutsche Bibliothek verzeichnet diese Publikation in der Deutschen Nationalbibliografie; detaillierte bibliografische Daten sind im Internet über http://dnb.ddb.de abrufbar

Bibliographic information published by Die Deutsche Bibliothek:
Die Deutsche Bibliothek lists this publication in the Deutsche Nationalbibliografie; detailed bibliographic data is available in the Internet at http://dnb.ddb.de

ISBN 3-85616-256-9

© 2005 Christoph Merian Verlag, Basel

Alle Rechte vorbehalten; kein Teil dieses Werkes darf in irgendeiner Form ohne vorherige schriftliche Genehmigung des Verlags reproduziert oder unter Verwendung elektronischer Systeme verarbeitet, vervielfältigt oder verbreitet werden

All rights reserved; no part of this publication may be reproduced, stored in a retrieval system or transmitted in any form or by any means, electronic, mechanical, photocopying, recording or otherwise, without the prior written permission from the publisher

Herausgeberin / Editor: Ulrike Jehle-Schulte Strathaus
Lektorat / Editorial reading: Ulrich Hechtfischer, Freiburg i.Br.
Übersetzungen / Translations: Suzanne Leu, Basel, S. 93 ff.;
Tim J. Nevill, Bath, S. 61 ff., 68 f.;
Michael Robinson, London, S. 9, 14 f., 17, 22 ff.
Gestaltung / Graphic design: Anne Hoffmann Graphic Design, Basel
Fotos / Photography: Christian Richters, Münster
Foto / Photo S. 17: Christian Kerez, Zürich
Bildbearbeitung / Image editing S. 26 f., 93: Serge Hasenböhler, Basel
Pläne / Plans: Diener & Diener Architekten, Basel
Lithos / Lithography: Sturm AG, Muttenz
Druck / Printed by: Basler Druck + Verlag AG bdv, Basel
Bindung / Binding: Schumacher AG, Schmitten/FR
Schriften / Typeface: Din, Frutiger
Papier / Paper: Luxosamt offset halbmatt gestrichen 150 g/m²

www.christoph-merian-verlag.ch

Daniel Vasella
VORWORT 6
PREFACE 7

Ulrike Jehle-Schulte Strathaus
EINFÜHRUNG 8
INTRODUCTION 9

Vittorio Magnago Lampugnani
DAS HAUS UND DIE STADT 11
THE HOUSE AND THE CITY 14

Roger Diener
NOVARTIS GEBÄUDE Eine Aufgabe und ein Team 16
NOVARTIS BUILDING A Job and a Team 17

Martin Steinmann
FENSTER, GLÄSER 18
WINDOWS, PANES OF GLASS 22

Christian Richters
FOTOS / PHOTOS 26

Jan Thorn-Prikker
DAS GLÄSERNE KLEID Die Fassade des Novartis Gebäudes im Kontext des Werks von Helmut Federle 55
CLAD IN GLASS The Novartis Building Façade within Helmut Federle's Œuvre 61

Ulrike Jehle-Schulte Strathaus
GLASARCHITEKTUR 66
GLASS ARCHITECTURE 68

PLÄNE / PLANS 70

Isabel Halene, Michael Roth
INVENTAR 90
INVENTORY 93

Dr. med. Dr. h.c. Daniel Vasella
VORWORT

Roger Dieners Bürogebäude ist der erste Bau, der im Rahmen der Neugestaltung unseres Areals steht, und damit der erste architektonische Meilenstein des Campus-Projektes, das in enger Zusammenarbeit mit Professor Vittorio Magnago Lampugnani am Entstehen ist.

Mit diesem Projekt sollen Kommunikation, Kreativität und das Engagement unserer Mitarbeiterinnen und Mitarbeiter durch eine ästhetische und funktionale Gestaltung der Arbeitsumgebung gefördert werden.

Diese Idee nimmt mit dem Diener-Gebäude Gestalt an. Wie auch in den Aussenräumen entstehen im Gebäudeinnern Arbeits- und Begegnungsstätten verschiedenster Art – offene, transparente, vielfältige und flexible Räume, die sich für Interaktion und interdisziplinäres Zusammenarbeiten anbieten.

Ich möchte den Architekten, dem Künstler, den Designern und dem Projektteam meinen herzlichen Dank für das Bauwerk und sein Gelingen aussprechen. Mein Dank gebührt an dieser Stelle auch den Verantwortlichen des Architekturmuseums Basel, die im Rahmen einer Ausstellung und mit diesem Buch das Gebäude einem breiteren Publikum zugänglich machen. Es würde mich freuen, wenn dadurch etwas vom Enthusiasmus und Pioniergeist, der das Campus-Projekt prägt, über unser Unternehmen hinaus spürbar würde.

Dr. med. Dr. h.c. Daniel Vasella
PREFACE

Roger Diener's office construction is the first building to be erected as part of the project to redesign our site and, as such, is the first architectural milestone in the Campus Project, which is being implemented in close collaboration with Professor Vittorio Magnago Lampugnani.

It is one of the aims of this project to foster communication, creativity and the commitment of our associates through an esthetic and functional approach to the design of the working environment.

This idea is taking shape with the Diener building. Both in the building interior and also in the outer spaces, a wide variety of working and meeting areas are being created—providing open, transparent, versatile and flexible spaces that offer plenty of scope for interaction and interdisciplinary teamwork.

I would like to extend my warmest thanks to the architects, the artist, the designers and the project team for this building and for the success of their efforts. My thanks also go to the Architekturmuseum in Basel, which is making the building accessible to a wider public in the form of an exhibition as well as the publication of this book. It would be enormously gratifying if as a result something of the enthusiasm and pioneering spirit that characterize the Campus Project were to be felt beyond the confines of our company.

Ulrike Jehle-Schulte Strathaus
EINFÜHRUNG

Der Novartis Campus wird in den kommenden Jahren das Aussehen und den Charakter des Novartis Werkgeländes im Basler St. Johann-Quartier grundsätzlich verändern – von der ehemaligen Produktionsstätte zu einem Ort des Wissens, der Innovation und der Begegnung. Der Masterplan von Vittorio Magnago Lampugnani sieht vor, dass einzelne Gebäude von eingeladenen Architekten entworfen und ausgeführt werden.

Es ist für das Architekturmuseum eine besondere Freude, einer breiten Öffentlichkeit den ersten realisierten Bau dieses grossen, für die stadträumliche Entwicklung Basels bedeutenden Plans mit der vorliegenden Monografie und einer Ausstellung zugänglich zu machen. Roger Diener, Helmut Federle und Gerold Wiederin haben das Haus entworfen und realisiert, als Landschaftsarchitekten haben sie Günther Vogt beigezogen.

Immens grosse farbige Glasscheiben tanzen scheinbar schwerelos in mehrfachen Schichten rund um das Haus, bringen es in Bewegung, zum Glänzen und Flirren, reagieren auf das Licht der jeweiligen Tageszeit und des Wetters. Mal ist das Haus bunt, mal grau-silbern. Im Inneren finden sich Bürolandschaften, die in ihrer gediegenen Eleganz offene Räume mit Orten konzentrierter Zurückgezogenheit vereinen.

Wir danken allen Beteiligten, dem Bauherrn, den Architekten und dem Künstler, dem Verlag, den Fotografen, der Gestalterin des Buches und denen, die für die Ausstellung verantwortlich zeichnen. Den Autoren, die verschiedene Aspekte des Gebäudes beleuchten, ja anschaulich zum Strahlen bringen, fühlen wir uns besonders verpflichtet.

Ulrike Jehle-Schulte Strathaus
INTRODUCTION

The Novartis Campus will fundamentally change the appearance and character of the Novartis factory area in Basel's St. Johann quarter in years to come—from former production site to a place of knowledge, innovation and encounters. Vittorio Magnago Lampugnani's master plan provides for individual buildings to be designed and realized by invited architects.

The Architekturmuseum is particularly delighted to offer this monograph and an exhibition to introduce a wider public to the first completed building within this major plan, so significant for Basel's urban development. Roger Diener, Helmut Federle and Gerold Wiederin designed and realized the building, and recruited Günther Vogt as landscape architect.

Immensely large coloured glass panels dance almost weightlessly in several layers around the building, making it move, gleam and shimmer, responding to the light at particular times of day and in different weather conditions. Sometimes the building is multi-coloured, sometimes grey and silvery. Inside are office landscapes whose solid elegance combines open-plan spaces with places of concentrated seclusion.

We extend our thanks to all involved, to the company who commissioned the building, the architects and the artist, the publishers, the photographers, the book designer and those responsible for the exhibition. We feel particularly indebted to the authors, who illuminate various aspects of the building, indeed make them shine out brightly.

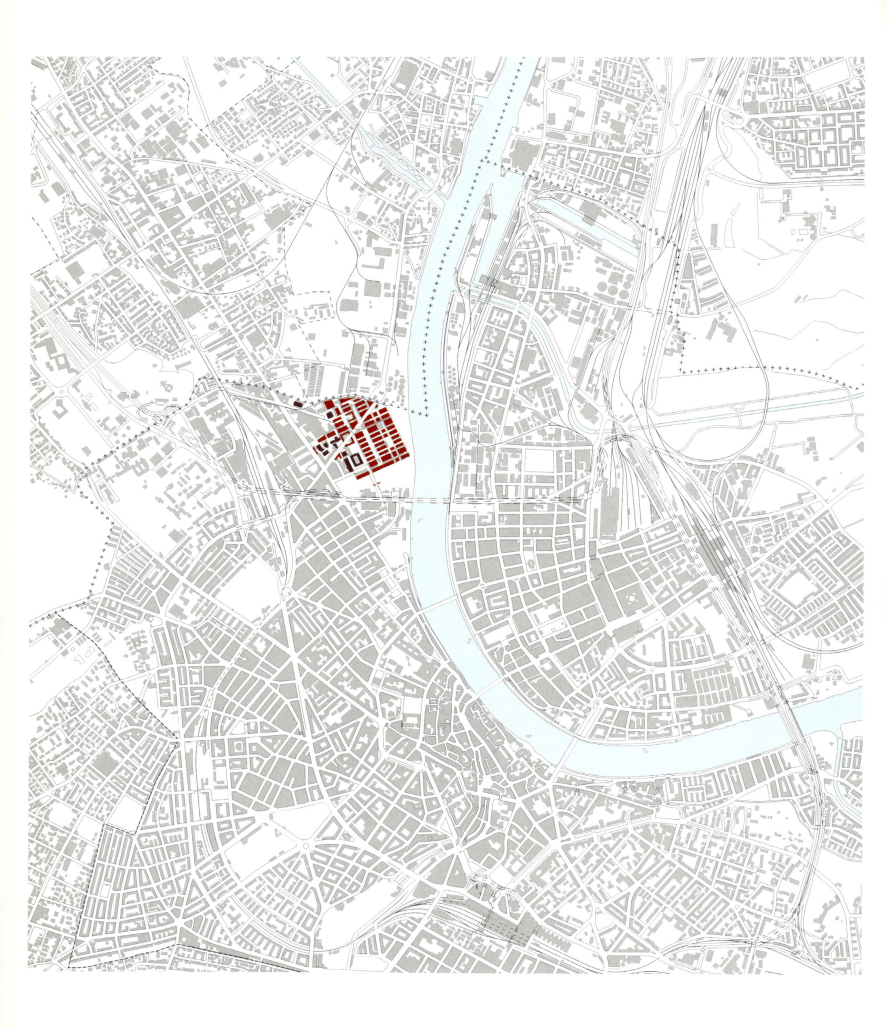

Vittorio Magnago Lampugnani
DAS HAUS UND DIE STADT

Als wir beauftragt wurden, für das St. Johann Areal von Novartis in Basel einen Plan zu entwickeln, der die Wandlung von einem Produktionsstandort in ein Forschungs- und Verwaltungszentrum architektonisch umsetzen sollte, lag das Zurückgreifen auf das Modell der Stadt nahe. Es ging darum, in die strukturelle und ästhetische Beliebigkeit eines konzeptlos gewachsenen Fabrikareals, in dem jeweils das gebaut wurde, was gerade benötigt wurde, und zwar just dort, wo gerade Platz vorhanden war, eine rationelle, langfristig tragfähige Ordnung einzuführen, welche die zukünftigen baulichen Eingriffe sinnfällig und ökonomisch untereinander koordinieren sollte. Und es ging darum, einer tiefgreifenden Nutzungsänderung, die bereits eingesetzt hatte, aber nicht architektonisch reflektiert worden war, einen angemessenen Entwicklungsrahmen zu verleihen. Sowohl die Gedankenarbeit am Ordnungskonzept als auch jene am Entwicklungsrahmen führten zu einer städtischen Interpretation der Aufgabe und des Orts.

Die ideologischen und kulturellen Ziele des Auftraggebers gingen jedoch weit über einen solchen kultivierten Pragmatismus hinaus, und diese Ziele waren letzlich für das Projekt ausschlaggebend. Im neuen Komplex beabsichtigte das Pharma-Unternehmen Novartis, sowohl seine Wurzeln als auch seine Ambitionen sichtbar werden zu lassen. Zu den letzteren gehörte jene, einen Ort zu schaffen, wo die Mitarbeiterinnen und Mitarbeiter, aber auch die Besucher gerne hinkommen sollten. Und vor allem gehörte dazu, dass sie auf neue, kreative und kommunikative Art zusammenarbeiten würden. Dies sollte die Architektur nicht nur unterstützen, sondern geradezu provozieren.

Für eine derartige Aufgabe schien uns die Stadt, genauer: die historische Stadt geradezu prädestiniert. In einer Zeit entstanden, als die *urbs* noch Abbild ihrer *civitas* und mithin kein mehr oder minder strukturiertes Konglomerat von Funktionen war, sondern ein veritables Wesen, förderte sie (und fördert nach wie vor) auch eine individuelle, persönliche Beziehung mit eben diesem Wesen. Diese Beziehung ist eine physische, intellektuelle und zugleich emotionale Auseinandersetzung, die Lernen und Erinnern erlaubt und damit gemeinsame Identifikationen jenseits aller Ungleichheit erzeugt. Das macht sie zum produktiven ideologischen Dispositiv, das die Konstruktion und Verfeinerung einer Gemeinschaft fördert. Dabei kommt ihrer feinverzweigten Struktur öffentlicher Räume eine zentrale Rolle zu. Diese komplexe Vernetzung schafft nicht nur weitgehend direkte Verbindungen zwischen den verschiedenen Punkten der Stadt, sondern dazwischen auch zahllose Gelegenheiten absichtsvoller und unbeabsichtigter, zufälliger Begegnungen und damit des zwischenmenschlichen Austausches. Das macht sie zum Kommunikationsdispositiv.

Genau ein solches gemeinschaftsbildendes und kommunikatives Dispositiv wollten und mussten wir für das aufgeklärte und moderne Industrieunternehmen schaffen. Eine historische Stadt imitieren kam nicht in Frage: Derlei Operationen scheitern an der falschen Materialisierung sowie an der Unreproduzierbarkeit von Geschichtlichkeit und erzeugen letzlich nur Kitsch. Überdies stellten sich vor allem die praktischen Anforderungen ganz anders dar als jene, die eine noch so professionell modernisierte Altstadt erfüllen könnte. Wir mussten also versuchen, aus der alten Stadt zu lernen, um etwas ganz und gar Neues zu erfinden.

Unser Plan für das etwa 20 Hektar grosse Areal zwischen Voltastrasse, Elsässerstrasse und Rhein sieht eine einfache, klare, orthogonale Struktur vor, die sowohl den ursprünglichen (und inzwischen vollständig zerstörten) Fabrikationskomplex als auch die keltische Siedlung nachzeichnet, die vor etwa 2200 Jahren weite Teile des Geländes besetzte. Die kleinteilige Anlage dient nicht nur der Erinnerung, sondern auch ausgesprochen aktuellen Belangen: Sie ermöglicht Identifikation und Orientierung. Überdies forciert sie jene Dichte, die menschliche Kontakte versinnbildlicht und befördert. Die grosszügigen, sorgfältig differenzierten öffentlichen Räume, welche die Form des Campus bestimmen und seine Enge sprengen, sollen die Qualitäten jener wieder aufleben lassen, die unsere historischen Städte funktionell und attraktiv machen, und dabei unterschiedliche Optionen für unterschiedliche Benutzungen und Anmutungen anbieten: vom repräsentativen Forum zum informellen Green, vom weitläufigen grünen Park zur kleinen steinernen Piazzetta, von der arkadengesäumten, geschäftigen Fabrikstrasse, architektonisches und soziales Rückgrat des gesamten Campus, zum stillen kontemplativen Arboretum. Dazwischen werden unterschiedliche Bauten aus unterschiedlicher Hand entstehen, die einerseits die Vielfalt der internationalen zeitgenössischen architektonischen Architekturhaltungen (und der Wesen, Mentalitäten und Kulturen ihrer nicht minder kosmopolitisch zusammengewürfelten Benutzer) zeigen, andererseits aber nicht jedes für sich stehen, sondern miteinander sprechen sollen: genauso wie die Menschen, die auf dem Campus arbeiten.

Dafür haben wir einige wenige, einfache Regeln aufgestellt. Die Baulinien des Masterplans müssen übernommen werden, die Traufhöhe, die wir auf etwa 22 Meter festgelegt haben, darf unterschritten, aber nicht überschritten werden. Sämtliche Bauten, welche die Ostseite der Fabrikstrasse säumen, müssen Arkaden aufweisen, für die ein ebenfalls im Masterplan festgelegter Querschnitt bindend ist. Die Haupterschliessung dieser Bauten muss von der Fabrikstrasse aus erfolgen, wobei daneben möglichst viel Erdgeschossfläche für öffentliche Nutzungen bereitgestellt werden soll, die ebenfalls zur Fabrikstrasse hin orientiert sein werden. Bei der Gestaltung der Fassaden muss auf deren Aufgabe, den öffentlichen Raum des Campus zu begrenzen und zu bestimmen, besonders geachtet werden.

Weiter sind wir nicht gegangen: Es gibt weder eine Gestaltungssatzung noch eine Festlegung der Materialien oder der Konstruktionen. Die Bauten sollten möglichst genuiner Ausdruck der Kulturen der jeweiligen Autorinnen und Autoren sein, aber bei aller Verschiedenheit eine gemeinsame Haltung aufweisen: das Bekenntnis zur Stadt und zur Gemeinschaft, die diese Stadt versinnbilmicht. Dies ist vielleicht die grösste Herausforderung, die der Campus stellt: Ist die zeitgenössische architektonische Kultur noch in der Lage, so viel Dialog zu pflegen, dass sie, ohne sich selbst untreu zu werden, das kollektive Erzeugnis Stadt hervorzubringen vermag?

Der erste Neubau (nach der grossen raumbildenden Skulptur von Richard Serra), der auf dem Campus fertig gestellt worden ist, jener von Diener & Diener, Helmut Federle und Gerold Wiederin, kann auf die Frage naturgemäss keine definitive Antwort geben, regt aber zu Reflexionen an. Auf das vorgegebene Regelwerk reagiert es mit überraschender und sogar verwirrender Ambivalenz. Das Gebäudevolumen respektiert die Baulinien zum Park und zum Forum, begrenzt aber mit seiner mehrschichtigen, transparenten, hintergründig spiegelnden Fassade sowohl den einen wie das andere auf subtil mehrdeutige Weise. Zur Campus-Öffentlichkeit und zum Park hin stellt sich der Bau als farbenfrohes, ausdrucksvolles Torelement am Eingang der Novartis Zitadelle dar, verleugnet jedoch zugleich jeglichen Festungscharakter durch das Spiel mit Transparenzen und Spiegelungen in den grossen bunten Glasschuppen seiner geschichteten Haut; zum Forum hin gebärdet er sich als Pendant zum Hauptgebäude, stellt jedoch dessen steinerner Materialität die flüchtige Abstraktion seiner Glasfassade gegenüber, die überdies die Geschossaufteilung überspielt und sogar negiert. Damit gewinnt das Gebäude eine monumentale Dimension, die sich primär städtebaulich erklärt. Das Erdgeschoss nimmt sowohl das Eingangsmotiv des Hauptgebäudes als auch und vor allem jenes der Arkade der Fabrikstrasse auf, verschmilzt und verwandelt allerdings seine beiden Vorbilder in eine kühne Auskragung, die das Thema des Einladenden und Beschützenden auf beunruhigende Art und Weise in eine volumetrische und statische Irritation verwandelt. Die grossen gläsernen Schiebetore lassen die Platzfläche des Forums in den Bau einfliessen respektive die Eingangslobby zu einem entschieden öffentlichen Raum mutieren. Die Traufhöhe ist nicht weniger als die Baulinie eingehalten, aber durch das gläserne Vexierbild der Gebäudehaut verwischt und unfassbar gemacht.

Um zu einer Stadt beizutragen, muss ein architektonisches Projekt die funktionalen und formalen Absichten eines Plans interpretieren und sich einer gemeinsamen Architektursprache verschreiben. Der Bau von Diener & Diener, Federle und Wiederin erfüllt nicht nur die erste Bedingung, sondern deutet sie neu und erweitert: Er geht von den funktionalen und formalen Absichten des Plans aus, um sie auszureizen und an ihnen weiterzuarbeiten. Ob er auch der zweiten Bedingung einer gemeinsamen Architektursprache Genüge leisten wird, wird die künftige Entwicklung des Campus zeigen.

Der Anspruch, unter zeitgenössischen Bedingungen eine veritable Stadt zu bauen, und dies auch noch in vergleichsweise kurzer Zeit, ist hoch und stellt eine fast tollkühne Herausforderung dar. Das erste Haus in der noch zu bauenden Stadt gibt immerhin zur Zuversicht Anlass.

Abbildung
S.10: Masterplan in den Gesamtkontext der Stadt eingefügt. Quelle: Novartis International AG: Novartis Campus. Masterplan St. Johann, Basel 2002

Vittorio Magnago Lampugnani
THE HOUSE AND THE CITY

Novartis intend to transform a production location into a research and administrative centre at their St. Johann site in Basel. When we were commissioned to develop architectural plans to achieve this, going back to the city as a model suggested itself. The factory site had grown with no concept behind it: buildings were simply erected when they were needed and plonked down wherever there was room. Our aim was to introduce rational order that would be viable in the long term, co-ordinating future building interventions meaningfully and economically within this structural and aesthetic randomness. And we were also aiming to provide an appropriate framework for developing a radical change of use that had already started, but without architectural reflection. Theoretical work on both the ordering concept and the development framework led to an urban interpretation of both the brief and the place.

But the client's ideological and cultural aims went well beyond cultivated pragmatism of this kind, and it was ultimately these aims that became the key to the project. The pharmaceuticals company Novartis intended to make both its roots and its ambitions visible in the new complex. One of the latter was to create a place, that employees and visitors alike should enjoy coming to. And above all, a place where work would be done in a new, creative and communicative way. The architecture was not just to support this, but to stimulate it positively.

It seemed to us that the city, or more precisely, the historical city, was predestined for a task of this kind. It had come into being at a time when the *urbs* was still an image of its *civitas,* and therefore not a more or less structured conglomerate of functions, but a veritable essence that also promoted (and still promotes) an individual and personal relationship with precisely this essence. This relationship is a physical, intellectual and at the same time emotional confrontation that permits learning and remembering and thus creates mutual identifications beyond any inequality. This makes it into a productive ideological device that promotes the construction and refinement of a society. Here a central role is played by its finely interlacing structure of public spaces. The complex network does not simply create largely direct connections between the various points in the city, but also countless opportunities in between for intentional and unintended, random encounters and thus interpersonal exchange. This makes it a communication device.

It was precisely this kind of community-building and communicative device that we wanted and had to create for this enlightened and modern industrial enterprise. There was no question of imitating a historical city: operations of this kind founder on false materialization and also on the unreproducibility of historical quality, and ultimately generate nothing but kitsch. And as well as this, the practical requirements in particular were quite different from those that could be fulfilled by an old town, however professionally it had been modernized. So we had to try to learn from the old city in order to be able to invent something completely new.

Our plan for the approximately 20 hectare site between Voltastrasse, Elsässerstrasse and the Rhine proposes a simple, lucid orthogonal structure that traces both the original (and in the mean time completely destroyed) factory complex and also the Celtic settlement that occupied large sections of the terrain about 2200 years ago. This serves not only memory, but also markedly topical needs: it makes identification and orientation possible. And as well as this, it boosts the density that symbolizes and encourages human contacts. The generous, carefully differentiated public spaces that define the shape of the campus and break down its crampedness are intended to revive those qualities that make our historical cities functional and attractive, thus offering different options for different uses and appearances: from the prestigious Forum to the informal green, from the spacious green park to the little stone piazzetta, from the arcaded, busy Fabrikstrasse, the architectural and social spine of the whole campus, to the quiet, contemplative arboretum. In between, different buildings planned by different hands will come into being, showing the diversity of international architectural approaches (and the natures, mentalities and cultures of their users, who have been thrown together in a no less cosmopolitan way). But then each of those buildings will not stand only for itself, they are intended to talk to each other: just like the people who work on the campus.

We have set up a few simple rules to this end. The building-lines of the master plan must be followed, buildings may be lower than the eaves height of 22 metres we have set, but no higher. All the buildings edging the east side of Fabrikstrasse have to have arcades, with a cross-section that is also laid down as binding in the master plan. Main access to these buildings must be from Fabrikstrasse, though at the same time as much of the ground floor area as possible should be available for public uses, and these areas will also face Fabrikstrasse. Particular attention must be paid when designing the façades to their role of demarcating and defining the campus's public space.

We went no further than this: there is no set design, and materials and construction approaches have not been laid down either. The buildings should be the most genuine expression possible of their authors' cultures, but have a shared attitude despite all the differences: commitment to the city and to the community that this city symbolizes. This is perhaps the greatest challenge the campus offers: Is contemporary architectural culture still in a position to pay sufficient attention to dialogue to be able to produce city as a collective product, without being unfaithful to itself?

The first new building (after Richard Serra's great space-building sculpture) to be completed on the campus, the one by Diener & Diener, Helmut Federle and Gerold Wiederin, can of course not provide a definitive answer to this question, but it does stimulate reflection. It responds with surprising and even confounding ambivalence to the rules that have been laid down. The building volume respects the building lines on the park and Forum sides, but demarcates both in a subtly ambiguous way with its multi-layered, transparent, mysteriously reflecting façade. For the campus public areas and the park the building presents itself as a colourful, expressive gateway at the entrance to the Novartis Citadel, but at the same time denies any fortress character by playing with transparency and reflections in the large, many-coloured glass scales in its layered skin; on the Forum side it acts as a counterpart to the main building, but confronts that structure's stone materiality with the fleeting abstraction of its own glass façade, which also ignores and even negates the division into storeys. Thus the building attains a monumental quality that is mainly legitimated urbanistically. The ground floor both takes up the entrance motif of the main building and above all that of the arcade in Fabrikstrasse, but also melts and transforms both these models into a bold protrusion that disquietingly transmutes the theme of invitation and protection into a volumetric and static irritation. The large glazed sliding doors allow the surface of the Forum to flow into the structure, respectively mutate the entrance lobby into a definitely public space. The eaves height is respected no less than the building line, but blurred and made impossible to grasp by the puzzle-picture that is the building's skin.

To make a contribution to a city, an architectural project must interpret the functional and formal intentions of a plan and subscribe to a common architectural language. This building by Diener & Diener, Federle and Wiederin not only meets the first condition, but reinterprets and expands it: it starts with the plan's function and formal intentions in order to challenge them and then work on them further. Only the future development of the campus will show whether it will meet the second condition of a common architectural language.

Claiming to build a veritable city under contemporary conditions, and to do it in a comparatively short time as well, is aiming high, and presents an almost foolhardy challenge. The first building in the city that is still to be built gives at least reason for confidence.

Picture
p. 10: Master plan and context of the city. Source: Novartis International AG:
Novartis Campus. Masterplan St. Johann, Basel 2002

Roger Diener
NOVARTIS GEBÄUDE Eine Aufgabe und ein Team

Die Aufgabe schien einfach und doch so anspruchsvoll, alt und doch so neu. Ein Haus zum Arbeiten. Die Stimmung in diesem Gebäude sollte kommunikativ, aber ruhig, die Räume sollten auf das Wesentliche reduziert und doch beziehungsreich werden. Welcher Raum trägt den Menschen in seinem Tun, welches ist sein Blick auf die Welt? Wie ist das Gebäude beschaffen, dessen Teile sich zu einem vielfältigen Ganzen fügen, das seine Wirkung gleichermassen von innen und von aussen entfaltet?

Das Programm für das erste Haus des neuen Novartis Campus in Basel hat die Frage nach den essenziellen Bedingungen eines architektonischen Raums für den arbeitenden Menschen gestellt. Dies hat uns zur Idee einer Analogie mit der Stadt geführt, zu einer Form, die den einzelnen Mitarbeiter in den Zusammenhang des Teams setzt.

Die 1996 in der Nähe Innsbrucks errichtete Nachtwallfahrtskapelle in Locherboden, die der Architekt Gerold Wiederin mit dem Künstler Helmut Federle gestaltet hat, handelt von eindringlichen Erfahrungen des architektonischen Raums. An diesem spirituell geprägten Ort ergeben sich auf unkonventionelle Weise Offenheit und Konzentration, durchdringen sich Innen- und Aussenraum. In diesem sakralen Gebäude ist jene sinnliche Energie angelegt, die wir für das so verschiedene Programm des Novartis Campus entwickeln wollten.

Aus der gemeinsamen Haltung hat sich die Autorenschaft von Diener & Diener, Gerold Wiederin und Helmut Federle ergeben. Es bot sich der geistige Raum für den gemeinsamen Entwurf, den wir wiederum für die Mitarbeiter von Novartis bilden wollten: einen geistigen und sinnlichen Raum für individuelles und gemeinschaftliches Handeln.

Es ist ein Gefüge entstanden, in dem die individuellen und die gemeinsamen Leistungen zu einem unauflösbaren Ganzen verschmolzen sind – so, wie wir uns das gewünscht haben.

Roger Diener
NOVARTIS BUILDING A Job and a Team

The task seemed simple and yet very demanding, so old and yet so new. A building to work in. The mood in this building was to be communicative but calm, the spaces were to be reduced to essentials and yet rich in relating to each other. Which space supports what a person is doing, or which is his view of the world? How is this building constituted when its parts fit together to form a diverse whole that develops its effect equally from the inside and the outside?

The programme for the first building on the new Novartis Campus in Basel raised the question of the essential conditions of an architectural space for working people. This led to an analogy with the city, to a form that places the individual employee in a team context.

The night pilgrimage chapel of Maria Locherboden, built in 1996 near Innsbruck, designed by the architect Gerold Wiederin with the artist Helmut Federle, deals with compelling experiences of architectural space. Openness and concentration emerge in an unconventional way in this spiritual place, interior and exterior penetrate each other. This ecclesiastical building is charged with the sensual energy we wanted to develop for the very different Novartis Campus programme.

The authorship of Diener & Diener, Gerold Wiederin and Helmut Federle emerged from a common approach. Spiritual space was available for the joint design, and it was this we wanted to create for the Novartis workers in their turn: a spiritual and sensual space for individual and joint action.

A structure has come into being in which individual and joint contributions have fused into an indissoluble whole —just as we wished.

Martin Steinmann
FENSTER, GLÄSER

Die Vorstellung ist uns lieb geworden, dass die Architektur von Diener & Diener «eine Architektur für die Stadt» (1) sei. Dies meint, in den Begriffen von Bernard Huet, dass sie sich die Konventionen der Stadt als einem Werk der Gemeinschaft zu eigen macht, statt sich als Kunst und damit als das Werk eines Einzelnen gegen diese Konventionen zu stellen. Und mit dieser Vorstellung sind uns auch diejenigen Bauten wichtig, die eine solche Architektur konkretisieren; die Architekten nennen sie gerne ‹Häuser›. Sie haben eine gewisse Schwere, oder genauer Dichte, es sind Häuser aus Beton, Backstein, Kunststein, aus gebräuchlichen Materialien also, und sie zeigen diese, wie sie sind: Die Materialien verweisen auf nichts anderes, sie sind, was sie sind und geben den Bauten von Diener & Diener eine starke Gegenwärtigkeit, «you see what you see».

Mit diesem Satz von Frank Stella verweise ich nicht auf die Minimal Art. Damit hat diese Architektur nichts zu tun, auch wenn sie ihre Mittel auf einige wenige, wesentliche beschränkt. Selbstverständlich kennt Roger Diener diese Kunst, sie ist Teil seiner Erfahrung, um nicht zu sagen seiner Sozialisation, aber sie ist nicht Anregung für die Bauten von Diener & Diener. Ihre Tradition ist die Architektur, und die Entwürfe handeln von den Fragen, die die Architektur schon immer gestellt hat. Vitruv hatte sie in seinen drei Begriffen *firmitas, commoditas* und *venustas* in Beziehung gesetzt.

Die Häuser drücken durch ihre Erscheinung das Wesen der Aufgaben aus. In den Fassaden vermitteln Fenster zwischen innen und aussen; sie sind in Form und Position von beidem bedingt, was nicht notwendig ein Verismus ist, und bringen die verschiedenen Bedingungen einer Aufgabe zur Deckung. Sie bewirken, dass die Bauten «von innen und aussen bewegt» erscheinen, wie Diener & Diener ihre Ausstellung im Winter 2004 in München genannt haben. Dies beschreibt die Suche nach einem Gleichgewicht, genauer nach einer Erscheinung, in der die Kräfte sichtbar werden, die in ein Gleichgewicht gebracht sind.

Ein eindrückliches Beispiel dazu liefert das lange, rote Wohnhaus im Hafen von Amsterdam. Die grossen Fenster sind etagenweise um einen halben Backstein versetzt. Das sieht man zwar nicht, aber man hat die Empfindung einer Unschärfe, auch wenn man deren Ursache nicht sieht (oder mehr weiss als sieht, oder sieht, weil man weiss, dass es diese Versetzung gibt). In anderen Fällen sind die Verfahren, die die einfachen Volumen in eine Spannung versetzen, die wir als Bewegung wahrnehmen, deutlicher.

Die Architektur von Diener & Diener ist im Präsens beschrieben: Sie ist so und so, aus Beton, schwer ... Und doch gilt nichts davon für den Entwurf, um den es hier geht: um den Bau für Novartis – ausser, dass sein Volumen einfach ist. Das Volumen aber ist aus Gläsern verschiedener Farbe und Form gebildet. Es stellt sich daher die Frage nach der Stellung dieses Entwurfs in der Arbeit von Diener & Diener als einer ‹recherche architecturale›. Dabei zeigt sich, dass diese Arbeit um 1998 mit einem kleinen, wenig beachteten Bau einen entscheidenden Schritt gemacht hatte. Es handelt sich um die Erweiterung des Luzerner Hotels ‹Schweizerhof› neben dem Zeugheersaal von 1865 und einen zweiten Gesellschaftssaal. Der Bau dient für Kurse. Er besteht aus Stützen und Decken aus Beton; die grau verputzten Stirnen der Decken zeichnen sich aussen ab, und die Flächen zwischen ihnen sind mit zwei verschiedenen Arten dieses Materials verglast: Floatglas und gegossenes Glas. Das unregelmässige gegossene Glas bewirkt, dass man die Dinge dahinter nur unscharf sieht und diese Flächen sich als ‹Wände› von den klaren Flächen der Fenster unterscheiden.

Wie schon früher, macht ein kleiner Bau in elementarer Form Themen anschaulich, welche die Architekten in der Folge untersuchen. (2) Wesentlich ist dabei, dass die Mittel, mit denen das geschieht, bauliche sind, im gegebenen Fall Sorten von Glas, deren unterschiedliche Eigenschaften aus unterschiedlichen Verfahren der Herstellung resultieren. (Das ist auch beim Domus-Haus der Fall; der kleine Bau, von dem die Rede ist, erweist sich als Hommage an dieses 1959 gebaute schöne klare Haus. (3)) Die Architekten verändern diese Eigenschaften gewissermassen nicht von aussen.

Damit sind wir im Kern des architektonischen Denkens von Diener & Diener angelangt: Er besteht in der Überzeugung, dass die entwerferischen Entscheidungen von den Bedingungen des Bauens getragen sein müssen. Diese Bedingungen bedeuten für die Materialien, dass sie als das erscheinen, was sie sind, nicht als Folge einer Massnahme, die ihrer Erscheinung überlagert wird. Ich denke dabei an das Aufdrucken von Mustern, wie es Herzog & de Meuron in verschiedenen Bauten getan haben, angefangen mit der Sportanlage Pfaffenholz in Saint-Louis, wo Bilder von Heraklit auf die Gläser gedruckt sind, die eben dieses Heraklit vor Nässe schützen.

Die Wirkung von gegossenem oder gerieffeltem Glas, das Diener & Diener verwenden, liegt dagegen im Material selber. (Das würde auch für Heraklit gelten, das hinter gewöhnlichen Gläsern sichtbar wäre.) Sie wird in den neueren Werken eingesetzt. Die grossen, sehr grossen Bauten in Baden und Malmö (4) weisen eine neue, gläserne Form von Fassaden auf: Tafeln aus Glas, hinter denen gleich grosse Tafeln aus Aluminium die Dämmung schützen. Die gelbbraune Farbe des Aluminiums schimmert durch das Glas. Gigon/Guyer haben diese Wirkung an der Erweiterung des Museums in Winterthur schon früher genutzt, um das ‹gewöhnliche› Profilit aufzuwerten; (5) sie lässt, wenigstens ein Stück weit, die Schichten solcher Fassaden sichtbar werden.

Das Glas, das die Basler Architekten verwenden, hat andere sinnliche Eigenschaften. Es hängt vom Winkel ab, in dem wir auf das Gebäude schauen, ob das Glas von diesem inneren oder vom äusseren Licht gefärbt wird, ob es gelbgrau erscheint oder gelblich grün oder blaugrau oder – bei bedecktem Himmel – weisslich grau. Um diese Wirkung zu verstärken, sind die langen Fassaden in Malmö beispielsweise ein wenig gefaltet. Diese Entscheidung der Architekten hat zur Folge, dass sich der Bau zu bewegen scheint, wie ein Tier, dessen Schuppen stellenweise glänzen. In der auf diese Weise gebildeten Hülle sind die Fenster in langen Bändern ausgespart. Da sie unterschiedliche Höhen haben, verstärken sie die Spannungen, die der Bau als Ganzer wieder in ein Gleichgewicht bringt.

Der Entwurf für Novartis radikalisiert nun diese Verwendung von Glas. Fenster gibt es keine, oder aber: es gibt nur Fenster, raumhohe Fenster, vor denen Gläser verschiedener Form und Farbe, an Stangen in gleichmässigem Abstand befestigt, eine Hülle bilden. Die Hülle erweist sich als mehrschichtig, die Gläser liegen vor- und hintereinander, mit Lücken, sodass sie auf evidente Weise keine andere Aufgabe haben als eben jene, eine Hülle zu bilden, die auf Grund der Farbe sichtbar ist. Damit fallen sie genau genommen aus dem heraus, was ich im Sinn von Hans Schmidts Äusserung, Bauen sei als erstes eine Sache des Notwendigen, ‹Bedingungen des Bauens› nenne.

Der 22 m breite, lange Bau in Basel bietet in vier gleichen oberen Geschossen Raum für die Büros der Manager von Novartis. Die Geschosse kragen auf der Seite des Novartis Areals aus und bilden einen gedeckten Bereich, von dem aus man den Bau betritt. Der Platz vor dem 1939 erstellten Verwaltungsbau von Novartis (6) erweitert sich so in den Neubau hinein und verleiht dem Erdgeschoss mit seinen grossen aufschiebbaren Fenstern einen öffentlichen Charakter. Hier befinden sich die Halle, ein Saal, eine Lounge und zwei kleinere Räume. In der Halle wird ein grosses Bild von Helmut Federle hängen. Die oberen Geschosse werden durch drei Kerne mit Treppen, Liften und Toiletten gegliedert. Ausserdem gibt es gläserne Räume für Besprechungen, die man mit Vorhängen schliessen kann. Sonst sind die Geschosse offen. Am westlichen Ende reicht ein Raum durch die vier oberen Geschosse; aus einer kaum 100 cm tiefen Wanne mit Erde wachsen dort hohe, bis zu 7 t schwere Bäume, deren Stämme sich zu Bündeln verschlingen. Sie setzen das Paradox ihrer ‹Natürlichkeit› in ein starkes Bild um.

Die Konstruktion besteht aus Stahl, nur die Kerne sind aus Beton. In den oberen Geschossen tragen drei Reihen von Stützen die Decken. Im Erdgeschoss werden die Lasten von zwei dieser Reihen auf nur eine gegen sie versetzte Reihe abgeleitet, um den gedeckten Bereich stützenfrei zu halten. Die Verteilung der statischen Kräfte machte in den oberen Geschossen unterschiedliche Stellungen der Stützen notwendig: Auf der nördlichen Seite stehen sie innen, auf der südlichen aussen, im Bereich der Balkone. So wird die Konstruktion als eine Sache erkennbar, die anderen Bedingungen folgt als die Nutzung.

Die Gestaltung der Geschosse erinnert an die ‹andere› Moderne, wie sie beispielsweise Otto Rudolf Salvisberg vertrat (in Basel gibt es seinen Verwaltungsbau für Hoffmann-La Roche von 1936). Sie tut es nicht in einzelnen Formen, aber in der Stimmung, die geweckt wird: Die von einer ovalen Hülle aus Blech umschlossenen Stützen, die abgerundeten Kanten der Kerne, die gläsernen Räume, deren Kanten ebenfalls abgerundet sind, und schliesslich die schwere, runde Treppe aus Holz – dies alles hat die Gelassenheit und die aufgeklärte Bürgerlichkeit, die Salvisbergs Ideal war.

Auf Grund seiner Stellung am Rand des Industrieareals, das schrittweise in den Novartis Campus umgebaut wird, wird der Bau von Diener & Diener das Bild des weltweit tätigen Unternehmens bestimmen. Er ist das, was von diesem Campus von der Strasse aus zwischen den Bäumen des Parks zu sehen sein wird. Diese Position befreit ihn davon, ‹Architektur für die Stadt› zu sein, stellt aber gleichzeitig die Frage, ob die Bedingungen des Bauens ausreichen zur Gestaltung eines solchen Bildes. Was ich vom architektonischen Denken von Diener & Diener gesagt habe, bestätigt sich an dieser Frage, bzw. daran, dass sich die Architekten für den Entwurf des Hauses mit Helmut

Federle verbunden haben. Ein kleines Bild auf einem der eingereichten Blätter benennt mit der über und über bemalten Bibliothek in Mexiko City von Juan O'Gorman (1952) das Ziel, «eine künstlerische Fassung» zu entwickeln die über den Bau hinausgreifen und einen bildhaften Zusammenhang zwischen dem Ort und dem Bau schaffen soll.

Diener & Diener haben schon einmal mit dem in Wien lebenden Künstler zusammengearbeitet. Für die Brandmauer der Schweizer Botschaft in Berlin hat Federle ein ‹viergeschossiges› Relief aus Beton entworfen. Es nimmt die Gliederung der alten Fassade auf, ohne aber deren Formen zu zitieren. Es hätte für diese blinde Mauer keine baulichen Gründe gegeben, und keine Fenster, die eine architektonische Gestaltung möglich gemacht hätten. Roger Diener spricht in diesem Sinn von «unbesetzten Feldern», in denen die Zusammenarbeit mit einem Künstler ansetzt, mit anderen Worten: dort, wo das Bauen keine Bedingungen stellt. An der Verwirklichung dieses Reliefs war Gerold Wiederin beteiligt, der ebenfalls in Wien lebt. Die gemeinsame Arbeit ist nun beim Entwerfen des Hauses Forum 3 weitergeführt worden. (7)

In Berlin ist es die Fassade aus dem späten 19. Jahrhundert, die mit ihren klassischen Formen auf die Bedeutung des Baus verweist. In Basel waren, anders als dort, diese ‹Zeichen› zu verselbstständigen, um dem, was John Ruskin «mere building» genannt hat, seine Selbstständigkeit zu erhalten. Ich denke, dass die Trennung in eine technische und eine künstlerische Hülle ihren Grund in dieser Tatsache hat. Es ist die Trennung in Fenster, die man nicht sieht, oder fast nicht, und Gläser, die man sieht und die keine andere Aufgabe haben als jene, durch ihre sinnlichen Eigenschaften Empfindungen zu wecken.

In einem Vortrag über die Zusammenarbeit von Maler und Architekt hat Helmut Federle von solchen Empfindungen gesagt, sie seien eine Frage der Formen, aber auch der Materialien. Wir müssten die Materialien in ihren Eigenschaften erkennen und sie dementsprechend einsetzen. Er hat aber auch gefragt: «Auf Grund von was erkennen wir die Materialien?» (8) – Ich denke, wir tun es, indem wir auf Grund unserer Erfahrung mit Materialien Bedeutungen ins Spiel bringen, und zwar Bedeutungen, die affektiv gefärbt sind.

Wie kann man unter diesen Umständen die Empfindungen beschreiben, die die Gläser des Novartis Hauses wecken? Als heiter, leicht, zart, verletzlich? – Für ihre Wahrnehmung sind zwei entwerferische Entscheidungen von Bedeutung. Beide befreien die Gläser aus einer baulichen ‹raison d'être›. Die eine betrifft ihre Farbe, die andere das Faktum, dass sie keine Rahmen aufweisen. Rahmen würden von der sinnlichen Erfahrung des Materials ablenken; sie würden die Gläser versachlichen, würden sie zu Fenstern machen. So aber sind sie von allen Zwecken befreit ausser jenem, Glas und Farbe zu sein. Die Bedeutungen, die sich damit verbinden lassen, etwa die historische Entwicklung der Chemischen Industrie aus der einstigen Farbenindustrie, kommen erst später dazu, als Rationalisierung ihrer Wirkung.

Noch einmal: Statt die künstlerischen Massnahmen mit den technischen zu verbinden, wie das Herzog & de Meuron vor kurzem in der neuen Cottbuser Bibliothek mit den auf die Fenster geschriebenen Wörtern oder Formen, die an Wörter erinnern, getan haben, sind hier die Ebenen getrennt. Das ist wörtlich zu verstehen. Doch die Ebenen sind aufeinander bezogen: Die Stangen, an denen die Gläser befestigt sind, sind Teil der Statik. Sie «vernetzen den Bau und seine Hülle zu einem einzigen, zusammenhängenden System», wie die Verfasser auf der entsprechenden Tafel notieren (9) – mit einem Satz, der auch für ihre Zusammenarbeit gilt.

Diese Stangen – je zwei hintereinander in einem Abstand von 20 cm – erlauben, die Gläser in drei unterschiedlichen Positionen zu befestigen. Ausser verschiedenen Farben haben die Gläser auch verschiedene Formen. Dies alles ergibt ein äusserst komplexes Ganzes, dessen Beziehung zum Werk von Federle in diesem Buch in einem eigenen Aufsatz beschrieben wird. Die Transparenz vieler Bilder von Federle, in denen untere Schichten durch obere hindurch scheinen und so die Faktur zeigen, ist sicherlich eine Seite dieser Beziehung.

Die Erscheinung des Novartis Gebäudes unterscheidet sich in einem wesentlichen Punkt von Bauten aus Glas, wie wir sie nur zu gut kennen: Die Gläser bilden keine glatten Flächen. Der Bau erscheint deswegen als unscharf, aber es ist nicht die Wirkung einer schlechten Fotografie, es ist vielmehr eine Wirkung, die man Flimmern nennen kann. Sie erinnert an die Bilder, die Piet Mondrian 1915 und 1916 gemalt hat: Kompositionen aus kurzen Strichen, die sich kreuzen oder nicht kreuzen, grau oder schwarz. Das Flimmern, das diese Striche bewirken, erinnert an das Spiel von Licht auf Wasser, «auf einer bewegten, das Licht spiegelnden Fläche» (10). (Eine ähnliche Wirkung haben auch bestimmte Blätter aus Federles ‹Black Series›.) Im folgenden Jahr erweiterte der holländische Maler seine Mittel um Rechtecke, die mit ihren Farben, die wir als verschieden gerichtete Kräfte wahrnehmen, die Fläche des Bildes sprengen, wie das die Gläser hier auch wörtlich tun. Der Grund für das, was wir als ‹bewegte Fläche› und, allgemeiner, als Bewegung wahrnehmen, liegt in den Mustern, die die Elemente – Mondrians Striche oder Federles Gläser – bilden. Ich verwende dieses Wort im Sinn von Rudolf Arnheim; danach ist eine Struktur aus Formen oder Farben, ein beliebiger Gegenstand, als ein Muster anschaulicher Kräfte zu verstehen. Die einzelnen Stellen der Hülle, und mit ihnen diese Kräfte, gleichen sich schliesslich aus. Das Ganze, das sie in dieser Weise bilden, entspricht den räumlichen Verhältnissen in einem Haus, in dem es keine einzelnen Büros gibt: die oberen Geschosse sind, wie beschrieben, offen. Damit erweist sich die Hülle auch in ihrer scheinbaren Negation mit dem grossen Thema der Architekten verbunden: dem Thema des Fensters. Ihre Gestaltung unterstreicht mit anderen Worten die unauflösliche Verbindung der entwerferischen Ebenen.

Das Gleichgewicht der anschaulichen Kräfte muss sich in unserer Wahrnehmung immer von neuem herstellen. Diener meint diese Wirkung, denke ich, wenn er sagt, ihre Häuser seien «wie leise bewegt». So gesehen radikalisiert die ‹künstlerische Fassung›, die Federle dem Entwurf für Novartis gegeben hat, eine Suche, die sich als ‹recherche architecturale› durch das ganze Werk von Diener & Diener zieht. (11) Sie tut es in einer Weise, wie sie der Architektur in ihrer Bindung an das, was ich zusammenfassend die Bedingungen des Bauens genannt habe, allein nicht erreichbar ist. Sie radikalisiert die Suche, indem sie sich als Teil der Architektur über deren Regeln hinwegsetzt. «Nur so macht sie Sinn, nur so vermag die Kunst die Architektur zu erweitern», fasst Diener seinerseits die Zusammenarbeit von Maler und Architekt zusammen. (12)

(1) Vgl. Martin Steinmann: L'architecture de Diener & Diener, une architecture pour la ville, in: Faces, H. 41, 1997, S. 2–3. – In seinem wichtigen Aufsatz ‹L'architecture contre la ville› hat Huet dargestellt, wie Architektur, wenn sie als Kunst auftritt, in einen Gegensatz zur Stadt gerät. Die Stadt ist, wie er schreibt, der Ort der Konventionen: «C'est elle qui ... fixe les règles du jeu des significations sociales. C'est pourquoi la ville est par nature conservatrice. Elle résiste aux transformations qui mettraient en crise les conventions qui la fondent. Au contraire, l'architecture comme œuvre d'art exalte l'invention.» Bernard Huet: L'architecture contre la ville, in: AMG, Nr. 14, 1986, S. 10–13.
(2) Das gilt für das Wohn- und Geschäftshaus am Burgfelderplatz von 1982–1985, für das Bürohaus an der Hochstrasse von 1984–1988 oder für das Geschäfts- und Bürohaus am Kohlenberg von 1993–1995. Sie alle haben für die darauf folgenden Entwürfe den Wert eines Paradigmas – was in der Grammatik ein Wort meint, das als Muster für eine Deklination gegeben wird.
(3) Das Domus-Haus in der Altstadt von Basel wurde 1959 von den Architekten Max Rasser und Tibère Vadi gebaut. Es weist die gleiche Gliederung der Fassaden mit Tafeln aus zwei Sorten von Glas auf. Diener & Diener haben dieses Geschäftshaus 1984 für das Architekturmuseum Basel erneuert.
(4) Es sind dies das ABB Gebäude ‹Power Tower› in Baden (1999–2002) und das Gebäude der Universität Malmö (2000–2005).
(5) Das Profilit schützt Kassetten aus gelochtem Blech mit der Dämmung: Dieses Blech wirft das Licht zurück, sodass das Profilit bläulich oder grünlich schimmert, während es in unserer Erinnerung stumpf ist. So sehen wir dieses Material mit anderen Augen, von der Bedeutung des Banalen, die wir kennen, befreit.

(6) Verwaltungsgebäude von Sandoz (1937–1939), Architekten Brodtbeck und Bohny, sowie Eckenstein und Kelterborn, Architekten des Unternehmens; siehe: Martin Steinmann: Bedeutung als Funktion, in: Hans-Peter Wittwer (Red.): Werke der Sammlung Novartis, Basel 2004, S. 244–252.
(7) Gerold Wiederin hat 1996 die Kapelle im österreichischen Locherboden gebaut, die mit ihren einfachen, reinen Formen Aufsehen erregt hat. Sie besteht aus einer in die Wiese gesetzten Platte, über der Elemente aus Beton einen Baldachin bilden, und einer Wand, die den offenen Raum hinten abschliesst, mit einer Art Fenster, gefüllt mit farbigen Brocken aus Glas.
(8) Helmut Federle: Partnerschaft in Gestaltungsfragen. Zur Zusammenarbeit von Maler und Architekt, in: Archithese, Nr. 4, 1995, S. 38–41.
(9) Die Wettbewerbseingabe vom September 2002 besteht aus 9 Tafeln, von denen jede ein bestimmtes Thema des Entwurfes behandelt. Die hier angesprochene Tafel 9 ist überschrieben mit ‹Der Ausgleich der Kräfte› und meint die statischen und die gestalterischen Kräfte gleichermassen.
(10) John Milner: Mondrian (französische Ausgabe), Paris 1992, S. 120.
(11) Kann man sie beschreiben als Suche nach einer Architektur, in der sich unsere gegensätzlichen sinnlichen Erfahrungen von Wirklichkeit aussöhnen?
(12) Roger Diener im Gespräch mit Wilfried Nerdinger, in: Von innen und außen bewegt – Diener & Diener, München 2004, S. 56.

Martin Steinmann
WINDOWS, PANES OF GLASS

We have grown fond of the idea that Diener & Diener's architecture is "architecture for the city" (1). In Bernard Huet's terms, this means that their architecture adopts the city's conventions, operating as work for the community, rather than opposing these conventions as art, and thus as the work of an individual. And we are also interested in structures that concretize architecture like this; the architects like to call them "Häuser"—houses, buildings. They have a certain weight, or more precisely, density, they are buildings made of concrete, brick, cast stone—the usual materials, in other words. And Diener & Diener display these materials as they are, giving their buildings a strong presence, "you see what you see".

I am not using this quotation from Frank Stella as a reference to Minimal Art. This architecture has nothing to do with that, even though it does limit its means to a few essential ones. Of course Roger Diener is familiar with Minimal Art, it is part of his experience, if not to say his socialization, but it is not a force behind Diener & Diener's buildings. Their tradition is architecture, and the designs deal with questions that architecture has always asked. Vitruvius related them to each other with his three terms *firmitas, commoditas* and *venustas*.

The buildings' appearance expresses the essence of the programme. In the façades, the windows mediate between inside and outside; both govern their shape and their position—this is not necessarily a truism—and cause the work's various conditions to cohere. They make the buildings look "moved from the inside and the outside", as Diener & Diener called their Munich exhibition. This describes a search for balance, or more precisely, for appearance that makes the forces being balanced visible.

The long, red apartment block in Amsterdam harbour provides an impressive example. The large windows are staggered by half a brick per storey. You can't see that, but it gives you a sense of being out of focus, even if you can't see why (or know rather than see, or see because you know that they are staggered). The processes that place the simple volumes in a state of tension that we perceive as motion are clearer in other cases.

Diener & Diener's architecture is described in the present tense here: it is like this and like that, made of concrete, heavy... And yet none of this applies to the design we are dealing with here: the Novartis Building, except that its volume is simple. But the volume is made up of glass of different colours and shapes. For this reason, the question arises of this design's standing in the work of Diener & Diener as "recherche architecturale". Here it becomes clear that this work made a decisive step forward in 1998, with a small building to which little attention has been paid. This is the extension to the Hotel "Schweizer Hof" next the 1865 Zeugheersaal and a second reception room. The building is used for courses. It consists of concrete columns and ceilings, the ends of the ceilings can be seen on the outside and the areas between them are glazed with two different varieties of this material: float glass and cast glass. The irregular cast glass means that things behind it can be seen only indistinctly, and these areas stand out as "walls" against the clear areas of the windows.

As happened earlier, a small building in an elemental form brings themes to light that the architects examine successively. (2) It is essential here that the resources used to do this are structural, in this particular case kinds of glass, whose different qualities arise from different manufacturing processes. (This is also the case for the Domus-Haus; the little building we are talking about turns out to be a tribute to this pure lucid building dating from 1959. (3)) The architects do not change these qualities from the outside. This brings us to the heart of Diener & Diener's architectural thinking: they are convinced that design decisions must be supported by the conditions of building. These conditions mean that materials appear as what they are, not as a consequence of a measure superimposed on their appearance. I am thinking of printed-on patterns, as used by Herzog & de Meuron for various buildings, starting with the sports hall in St. Louis, where pictures of Heraclitus are printed on the glass that protects the said Heraclitus from getting wet.

The effect made by cast or fluted glass, subsequently used by Diener & Diener, in fact derives from the material itself. (This would also apply to Heraclitus, who would be visible behind ordinary glass.) This effect is used in the more recent work. The large, very large buildings in Baden and Malmö (4) display a new, glazed façade form: panels of this kind of glass, behind which equally large aluminium panels cover the insulation. The yellow-brown colour of the aluminium shimmers through the glass. Gigon/Guyer exploited this effect earlier in the extension for the Winterthur museum, in order to upgrade the "ordinary" Profilit. (5) It means that we can see the layers of this kind of façade, at least to an extent.

The glass the Basel architects use has other sensual qualities. It depends on the angle we are looking from whether the glass is coloured by this internal light or by external light, whether it seems yellow-grey or yellow-green or—when the sky is overcast—whitish grey. The long façades in Malmö are slightly folded, to enhance this effect. This decision means that the building seems to move, like a creature whose scales gleam in places as it does so. The windows are cut out in long bands from the envelope thus formed. Their heights differ, which increases the tensions, but they do make the building balance as a whole.

The Novartis design now radicalizes this use of glass. There are no windows, or rather: there is nothing but windows, floor-to-ceiling windows, and in front of them panes of glass in different shapes and colours form an envelope, fastened on rods, which are evenly spaced. This envelope turns out to be multi-layered; the glass panes are placed in front of and behind each other with gaps, so that they are quite evidently there for no other purpose than that of forming an envelope that is visible because of colour. Hence, precisely speaking they do not fit in with what I call the conditions of building, in the spirit of Hans Schmidt's statement that building is first a matter of necessity.

The 22 m wide, long building provides space of the Novartis managers' offices on four identical upper floors. These floors protrude on the Novartis site side, forming a covered area from which the building is entered. The square between this and the Novartis office building dating from 1939 (6) is thus extended into the building. It gives public character to the ground floor with its large sliding windows. It accommodates the hall, a large room, a lounge, and two smaller spaces. A large picture by Helmut Federle is to hang in the hall. The upper storeys are articulated by three cores containing stairs, lifts and toilets. There are also glazed spaces that can be curtained off for meetings. Otherwise the upper floors are open. At the west end is a space that rises through the four upper storeys; here trees weighing up to 7 t, with trunks intertwining, grow from a tub that is barely 100 cm deep. They translate the paradox of their "naturalness" into a powerful image.

The structure is steel, only the cores are concrete. The ceilings of the upper floors are supported by three rows of columns. On the ground floor, the loads from two of them are dissipated to one single row, staggered against these two, to keep the covered area column-free. The distribution of forces meant that the columns had to be placed differently on the upper floors: on the north side they are inside, but they are outside on the south side, in the balcony area. So the structure can be recognized as something derived from conditions other than use.

The design of the upper floors is reminiscent of the "other" Modernism, as represented by Otto Rudolf Salvisberg, for example (in his 1936 office building for Hoffmann-La Roche in Basel). It is not the individual forms that are reminiscent of this, but the moods they conjure up: the columns surrounded by an oval sheet metal envelope, the rounded edges of the cores, the glazed spaces, whose edges are also rounded and finally the heavy, round wooden staircase, all this has the composure and also the enlightened bourgeois quality that was Salvisberg's ideal.

Because of its position on the edge of the industrial site that is now gradually being developed as the Novartis Campus, the building will define the image of the concern, which operates all over the world. It is what will be seen from the road between the trees in the park of this campus. This liberates it from being "architecture for the city". But it also raises the question of whether the conditions of building are adequate to shape an image of this kind. What I have said about Diener & Diener's architectural thinking is confirmed by this question, or by the fact that they joined up with Helmut Federle for the design of this building. A small picture on one of the sheets submitted shows the library in Mexico by Juan O'Gorman, 1952, which is painted all over. This identifies the aim of developing "an artistic setting" that goes beyond the building and creates a pictorial link between the place and the building.

Diener & Diener have worked with the artist, who lives in Vienna, once before. Federle designed a "four-storey" relief for the fire wall of the Swiss embassy in Berlin. It picks up the articulation of the old façade, but without quoting its forms. There would have been no structural reasons for this blind wall, no windows that would have made an architectural design possible. Diener speaks in this context of "unoccupied fields" in which co-operation with an artist begins, in other words at a point where building does not impose any conditions. Gerold Wiederin, who also lives in Vienna, was involved in realizing this relief. The co-operation has now been continued in the design for the house Forum 3. (7)

In Berlin it is the late 19th century façade's classical forms that are signs identifying the significance of the building. Basel was different. Here these "signs" had to make themselves independent so that what John Ruskin called "mere building" could also keep its independent quality. I think that the reason for division into a technical and an artistic envelope lies here. It represents a separation into windows that one does not see, or almost not, and into glass panes that one sees and that has no other role than stimulating feelings through their sensual qualities.

In a lecture about co-operation between painter and architect, Federle said of such feelings that they related to form, but also to materials. We have to recognize the materials in their qualities and use them accordingly. But he also asked: "On what basis do we recognize materials?" (8) — I think we do it on the basis that our experience of materials brings meanings into play, and these are meanings, that are affectively tinged.

Under these circumstances, how can one describe the feelings aroused by the different types of glass in the Novartis Building? As light-hearted? Weightless? Also tender? Vulnerable? — Now, two design decisions are significant in terms of perceiving them. Both liberate the glass from a structural "raison d'être". One is about colour, the other about the fact that it is unframed. Frames would distract from experiencing the material sensually. They would make the glass more objective, make it into windows. But as it is, it is liberated from all purposes except being glass and colour. The meanings that can be associated with this, the development of the chemical industry from pigment-producing industries, do not appear until later, as a rationalization of the glass's effect.

Once more: instead of combining artistic measures with technical ones, as Herzog & de Meuron did recently in the Cottbus library with words or shapes reminiscent of words inscribed on the windows, the planes are separated here. This is to be understood literally. But the planes relate to each other: the rods the glass is fixed to are part of the structure. They "link the building and its envelope into a single, coherent system", as the authors noted on the corresponding panel (9), in a sentence that also applies to the co-operation with Federle.

These panes rods — two behind each other in each case, 20 cm apart — make it possible to fix the glass panels in three different positions. The glass is in different shapes, as well as different colours. This all produces a particularly complex whole. Its relationship with Federle's work is described in a separate essay. The transparency of many paintings, in which lower panes shine through upper ones and thus show their making, is certainly one side of this relationship.

The appearance of the building differs in one crucial point from the glass buildings we are all too familiar with: the glass does not form flat façades. For this reason the building seems out of focus, but it is not the effect of a bad photograph, it is rather an effect that can be called shimmering. It is reminiscent of the pictures that Piet Mondrian painted between 1915 and 1916: compositions made up of short lines that cross or do not cross, grey or black. The shimmering these lines cause is reminiscent of the play of light on water, "on a moving surface that reflects light" (10). But certain sheets from Federle's "Black Series" make this effect as well.

The next year, the Dutch painter extended his resources by adding rectangles whose colours, which we perceive as differently directed forces, break open the surface of the picture, as the glass in the Novartis Building does literally. The reason for what we perceive as a "moving surface" and as movement more generally lies in the patterns the elements — Mondrian's lines or Federle's panes — form. I use the word in the same sense as Rudolf Arnheim; according to him a configuration of shapes or colours, a random object, is to be understood as a pattern of visual forces. The individual parts of the envelope and with them the forces ultimately balance themselves out. The whole they form in this way corresponds with the spatial conditions in a building in which there are no individual offices: the upper floors are open, as described above. Thus the envelope seems linked with the architects' great theme even in its apparent negation, the theme of the window. In other words, their design underlines the indissoluble link between the design planes.

The balance of the forces brought to life must keep re-creating itself in our perception. Diener is referring to this effect, I think, when he says their buildings are "as if moving slightly". Seen in this way, the "artistic setting" that Federle has given to the design for Novartis radicalizes a search that runs through all of Diener & Diener's work as "recherche architecturale". (11) It does it in a way that is not accessible to architecture in its bond with what I have summed up as the conditions of building. It radicalizes the search by disregarding its rules, as part of architecture.

"Only like this does it make sense, this is the only way art can extend architecture" is Diener's summary of the co-operation between painter and architect. (12)

(1) cf. Martin Steinmann: L'architecture de Diener & Diener, une architecture pour la ville, in: Faces, issue 41, 1997, pp. 2–3. In his important essay "L'architecture contre la ville", Huet showed how architecture starts to oppose the city when it presents itself as art. The city is, as he writes, a place of conventions. "C'est elle qui ... fixe les règles du jeu des significations sociales. C'est pourquoi la ville est par nature conservatrice. Elle résiste aux transformations qui mettraient en crise les conventions qui la fondent. Au contraire, l'architecture comme œuvre d'art exalte l'invention." Bernard Huet: L'architecture contre la ville, in: AMG, no. 14, 1986, pp. 10–13.

(2) This applies to the residential and commercial building at Burgfelderplatz dating from 1982–1985, to the office building at Hochstrasse dating from 1984–1988 or to the commercial and office building at Kohlenberg dating from 1993–1995. All of them function as paradigms for the subsequent work, which in grammar means a word that is given as a pattern for a declension.

(3) The Domus-Haus in Basel old town was built in 1959 by the architects Max Rasser and Tibère Vadi. Its façades are articulated in the same way, with panels in two kinds of glass. Diener & Diener renovated this commercial building in 1984 for the Architekturmuseum Basel.

(4) They are the ABB "Power Tower" building in Baden (1999–2002) and the building for Malmö University (2000–2005).

(5) The Profilit protects perforated sheet metal coffers with insulation: this sheet metal throws the light back, so that the Profilit has a bluish or greenish shimmer, while we remember it as dull. So we see this material with different eyes, liberated from the familiar banal associations.

(6) Sandoz office building (1937–1939), architects Brodtbeck und Bohny, and Eckenstein and Kelterborn, company architects; see Martin Steinmann: Bedeutung als Funktion, in: Hans-Peter Wittwer (ed.): Werke der Sammlung Novartis, Basel 2004, pp. 244–252.

(7) Gerold Wiederin built the chapel on Locherboden in Austria in 1996, which caused a stir with its simple, pure forms. If consists of a slab set in the meadow with elements forming a baldacchino above it, and a wall that concludes the open space at the back, with a window filled with coloured fragments of glass.

(8) Helmut Federle: Partnerschaft in Gestaltungsfragen. Zur Zusammenarbeit von Maler und Architekt, in: Archithese, no. 4, 1995, pp. 38–41.

(9) The September 2002 competition entry consists of 9 panels, each dealing with a different theme of the design. Panel 9, the one under discussion here, is headed with "The balance of forces", and refers equally to static and creative forces.

(10) John Milner: Mondrian (French edition), Paris 1992, p. 120.

(11) Can it be described as a search for an architecture in which our conflicting sensual experiences of reality are reconciled?

(12) Roger Diener in conversation with Wilfried Nerdinger, in: Von innen und außen bewegt – Diener & Diener, Munich 2004, p. 56.

Christian Richters
FOTOS / PHOTOS

Jan Thorn-Prikker
DAS GLÄSERNE KLEID Die Fassade des Novartis Gebäudes im Kontext des Werks von Helmut Federle

«Ohne die rationalen Kräfte würde die Architektur nur ein leeres Spiel mit Formen sein,
ohne die irrationalen nur eine Art von Maschinenbau.» (Mies van der Rohe)

Es ist ein glücklicher Zufall, dass die Kooperation mit Roger Diener dem Künstler Helmut Federle die Möglichkeit gibt, mit einer grossen architekturbezogenen künstlerischen Arbeit in der Öffentlichkeit gerade in derjenigen Stadt präsent zu sein, in der seine künstlerische Laufbahn begann. 1964 hatte er sich an der Allgemeinen Gewerbeschule in Basel eingeschrieben, die damals die bedeutendste Ausbildungsstätte für angewandte Kunst in der Schweiz war. Federles Wertschätzung von Keramiken, textilen Materialien, Möbeln, Buchgestaltung und Typografie sowie nicht zuletzt auch von Architektur, die das Werk von Helmut Federle von Anfang an begleitete, hat vermutlich auch hierin einen Grund.

Wiederholt hat Federle darauf hingewiesen, wie wichtig das Kunstmuseum Basel für ihn war. Hier konnte er an Originalen mit der Klassischen Moderne und der europäischen Avantgarde vertraut werden. Hier konnte er den leidenschaftlichen Arbeiten Edvard Munchs begegnen und die einzigartige Weise studieren, in der Paul Klee die Natur als Quelle der Abstraktion nutzte. Vermutlich war das Basler Kunstmuseum in den 60er Jahren auch der einzige Ort in Europa, wo man so früh und so intensiv der amerikanischen Nachkriegsmalerei begegnen konnte. Vor allem die spirituell aufgeladene Farbfeldmalerei von Mark Rothko, Barnett Newman und Clifford Still war für Federle prägend. Für einen jungen Künstler, der zwei Jahrzehnte nach dem Zweiten Weltkrieg seine Arbeit begann, muss Basel damals ein guter Ausgangspunkt gewesen sein. Auch die Lage der Stadt an der Grenze zu Deutschland und Frankreich muss wie eine Aufforderung gewirkt haben, sich nicht nur innerhalb des eigenen Landes und der eigenen Mentalität zu orientieren.

Basel war als Zentrum der Chemie- und Pharmaindustrie bestimmt von wirtschaftlicher Rationalität. Für Federle war die Stadt aber auch eine Schnittstelle auf einer imaginären Achse zwischen Dornach und Ronchamp. Federle begeisterte sich für die monolithische Form des Goetheanums in Dornach, die im Amorphen das Naturhafte bewahrt und versucht, die steinerne Form mit Geist zu beseelen. So steht die Anthroposophie wohl auch für eine Welt des bewusst gewählten Andersseins, für die Korrektur der Normalität durch eine Offenheit fürs Spekulative und für die nicht allein rational fassbaren Seiten der Welt. Nicht weit von Basel entfernt steht im französischen Ronchamp Le Corbusiers wunderbare Kirche (1950–1955). «Ronchamp hat mich extrem beeindruckt.» (1) Ronchamp, das war der Geist einer Moderne ohne Dogmatik. Eine Synthese von Architektur, Kunst und Geistigkeit, die nur selten gelingt.

Es gibt im Werk von Federle eine bislang wenig beachtete Kontinuität in der Auseinandersetzung mit Architektur. 1993 ergab sich eine Zusammenarbeit mit dem Architekten Adolf Krischanitz bei der Errichtung des Kindergartens ‹Neue Welt› für jüdische Flüchtlingskinder aus Osteuropa im Wiener Prater. Federle hatte sich bei diesem Projekt vor allem mit der Farbgestaltung des Kindergartens beschäftigt. «Den wichtigsten Ansatzpunkt sehe ich in der Akzeptanz der Farbe als integriertem Bestandteil der Materialien.» (2) Dass eine breitere Öffentlichkeit diesen Beitrag nicht wahrnahm, liegt daran, dass die Öffentlichkeit solche architektonischen Details nicht ernst nimmt. Von Anfang an hatte Federle mit der für ihn unbefriedigenden Praxis der ‹Kunst am Bau› gebrochen und beharrte darauf, dass der Bau selbst kunstvoll sein müsse, dass der Beitrag des Künstlers mehr zu sein habe als blosse Zutat oder Dekoration.

Ebenfalls in den 90er Jahren kam es beim Bau des Privatmuseums für die Sammlung Goetz in München zu einer Zusammenarbeit von Helmut Federle mit Herzog & de Meuron, die in einem kreativen Dialog bestand, in dem der Künstler seine exponierte Vorstellung von einem Kunstraum für die Ausstellung zeitgenössischer Kunst in die Planungen der befreundeten Architekten einbrachte. Es liegt in der Natur einer solchen Form der Kooperation von Architekten und Künstler, dass der Beitrag des Künstlers in die Bauentwicklung einging, ohne als deren selbstständiger Bestandteil vordergründig ablesbar zu sein.

Bei späteren Projekten, vor allem bei der Zusammenarbeit mit dem Wiener Architekten Gerold Wiederin bei der Nachtwallfahrtskapelle in Locherboden (1996), wird die Substanz des künstlerischen Beitrags wesentlich deutlicher. In Locherboden entstand eine Wandarbeit aus übereinander geschichteten farbigen Glasbrocken, die das leuchtende Zentrum der Kapelle bildet. Die Arbeit kommt ohne religiöse Symbole aus, sie verlässt sich ganz auf die Tradition der Spiritualität des Lichts. Gerold Wiederin ist der Dritte im Bunde der Arbeitsgemeinschaft des Novartis Projekts. Er fungiert dabei als notwendiges Bindeglied zwischen Roger Diener und Helmut Federle.

An Hans Kollhoffs Landeszentralbank in Meiningen (1998–2000) ist Helmut Federle wieder mit einer Glasarbeit vertreten. Er entwarf für die Stirnseite des Gebäudes ein monumentales farbiges Fenster aus geschichtet verbundenen, rechteckigen und sich überschneidenden Farbscheiben, durch das die Haupthalle der Bank mit farbigem Licht durchflutet wird. Federle gibt dem Raum damit eine Würde und ein Pathos, die man eher aus sakralen Kontexten kennt.

Seine bislang grösste architektonische Arbeit ist das Wandrelief an der Schweizer Botschaft in Berlin (1995–2001). Der von Roger Diener entworfene Bau besteht aus drei Elementen: aus einem alten, aus Vorkriegszeiten erhaltenen Gebäudekern, der von einem kompromisslos modernen Teil flankiert wird und den Bau räumlich erweitert, und aus einem die ganze seitliche Wandfläche einbeziehenden Betonrelief, das den Bau fasst und schliesst. Dieses klare Bekenntnis zum Sichtbeton bereitete der deutschen Öffentlichkeit, gerade im repräsentationssüchtigen Berlin, Schwierigkeiten bei der Rezeption. Unter den Botschaftsgebäuden gehört die Schweizer Botschaft heute sicherlich zu den markantesten Bauten Berlins.

Beim Novartis Gebäude in Basel setzt sich die Zusammenarbeit von Roger Diener und Helmut Federle fort – diesmal ist die Gruppe um den Architekten Gerold Wiederin erweitert – und wird noch einmal intensiviert. Die Architekten gehen dabei das Wagnis ein, einen Vorschlag zur Fassadenkomposition des Künstlerfreundes umzusetzen, der radikal experimentellen Charakter hat und dessen Wirkung nicht bis ins Letzte vorauszusehen ist. Sie brechen mit einem Grundelement der Architekturkonvention der Moderne, mit der Ablesbarkeit der Konstruktionslogik am Aussenbild. Das Fassadenbild liegt wie ein Farbschleier über dem ganzen Gebäuderiegel. Federle fügt der Transparenz eine impressionistisch anmutende Farbsuggestion hinzu. Entgegen aller Kritik an der ‹vorgehängten Fassade›, hat diese Fassade kein schlechtes Gewissen. Sie bekennt sich als Fassade, sie ist geradezu daraufhin angelegt, als Hülle um einen Kern erkannt zu werden, als Kleid über einem Körper.

Bei der Zusammenarbeit der Architekten Roger Diener und Gerold Wiederin und des Künstlers Helmut Federle treffen völlig verschiedene Energien aufeinander. Die drei teilen eine Liebe zur Geometrie und zur prägnanten Form. Jeder schätzt den anderen als Könner auf seinem Feld. Aber jeder kennt auch das Potenzial des anderen, das über das eigene hinausgeht. Im Gespräch hat Helmut Federle es einmal überspitzt (und lachend) so formuliert: «Roger Diener ist die Vernunft. Ich bin die Unvernunft.» Aber natürlich gibt solch eine Formulierung allenfalls einen Hinweis auf unterschiedliche Haltungen, ohne den Anteil des Künstlerischen und des Architektonischen am Akt des Entwerfens genau fassen zu können. Die «Unvernunft» ist hier keine negative Kategorie, sondern sie spricht das Potenzial ungezügelter Kreativität an, das sich der Rationalität nicht glatt einfügt, sondern selbstbewusst als Partner und Korrektiv auftritt.

Federle bringt die für ihn typischen unruhigen und spannungsvollen Energien in das Basler Projekt ein. Das Ideal der Perfektion erscheint ihm in diesem Fall als Zwang, dem er sich nicht beugen will. Und doch weiss er, dass er diesmal im Feld der angewandten Kunst arbeitet, das heisst, dass er sich mit der Annahme des Auftrags zu bestimmten Dingen verpflichtet. Er handelt also im Spannungsfeld von Freiheit und Sachzwang. Dabei versucht er aber, ein Höchstmass an Freiheit einzubringen. In dieser ungewöhnlichen Zusammenarbeit braucht der Künstler den Architekten, um seinen Entwurf zu realisieren. Aber genauso braucht der Architekt die autonome Kraft des Künstlers. Auf der Suche nach der aussergewöhnlichen Qualität treiben sich Künstler und Architekt gegenseitig über die Grenzen ihrer Gebiete und erweitern damit ihre Spielräume. Im Werk der beteiligten Personen stellt diese Zusammenarbeit etwas Neues dar, sie geht weit über die Grenzen einer klassisch verstandenen Arbeitsteilung hinaus.

Für beide Seiten entsteht so etwas, was sowohl Roger Diener und Gerold Wiederin wie auch Helmut Federle den «ästhetisch-visionären Mehrwert» genannt haben.

Die Architektur als eine Form der angewandten Kunst profitiert dabei von der utopischen, fantastischen, der irrational kreativen Seite der autonomen Kunst. Der künstlerische Entwurf stellt sich einer technischen Reflexion, die ihn bis zur praktischen Umsetzbarkeit hin durchdenkt. Die Architekten überlassen dem Künstler einen wichtigen Anteil am Ausdruck des Gebäudes. Der Künstler steigert und überhöht den ästhetischen Ausdruck, der dem qualitätsvollen architektonischen Entwurf bereits innewohnt. Er fügt ihm schwer zu fassende, zwischen dem Sinnlichen und dem Sinnhaften schillernde Qualitäten hinzu.

Dabei hatte die Aufgabe des Bauherrn den Architekten eigentlich enge Grenzen gesetzt. Die Vorgaben waren sehr präzise. Es gab einen Masterplan, einen festen Platz des Gebäudes auf dem Grundstück, eine vorgeschriebene Geschosshöhe. Verkürzt ausgedrückt könnte man sagen, dass der Bauherr vom Architekten die möglichst interessante Gestaltung eines in Breite und Höhe vorgeschriebenen Gebäuderiegels erwartete. Die Architekten suchten nach einer Lösung, um die besondere Bedeutung dieses Pilotbaus in exponierter Lage auf dem neuen Novartis Campus sichtbar zu machen. Sie entschlossen sich zur Zusammenarbeit mit einem Künstler, dessen geometrisch abstrakte Kunst selbst architektonische Bezüge enthielt. Architekten und Künstler entschieden sich für das Material Glas und für das Konzept einer farbigen Umhüllung.

Die lange Beschäftigung Helmut Federles mit der Platzierung einzelner rechteckiger oder quadratischer Formen auf einer tragenden Fläche, floss in die Fassadengestaltung ein. Schon in seinen frühen Skizzenbüchern von 1977 finden sich Zeichnungen, in denen er sich mit Malewitsch auseinandersetzt, bzw. gitterartige Farb- und Formarrangements, die an Paul Klee oder Josef Albers denken lassen. Man hat das Gefühl, als ginge es hier nicht nur um Formales, sondern im Kompositorischen immer auch zugleich um Psychisches, um Studien zu Balance und Ungleichgewicht, zu Kippen und Stürzen, Ausdehnung und Verdichtung, Reichtum und Armut, Sinnlosigkeit und Sinnhaftigkeit. Vor allem die frühen Zeichnungen der ‹Black Series I+II› (1977) wirken heute wie Formstudien, die in das Arrangement der Flächen auf der Fläche der Basler Fassade eingegangen sein könnten. Hier war ein Grundvokabular in Vorbereitung, das bis heute in der Formensprache dieses Künstlers wirkt.

Und auch die von 1994 bis 1997 fast täglich und systematisch betriebenen farbigen Zeichenstudien, die Helmut Federle 1998 unter dem Titel ‹Nachbarschaft der Farben› veröffentlichte, könnten als Entwurfsstudien zur Basler Fassade gelesen werden. Die mit Farbstiften gezogenen engen Linienraster verbinden sich zu textil wirkenden Strukturen. Die Blätter beziehen aus dem Wechsel von horizontalen und vertikalen Linien eine vibrierende Lebendigkeit. Sie formulieren verschiedene Farbzonen, die gegeneinander gestellt werden, sich zu transparenten Farbgeweben verbinden.

Helmut Federle ist kein Geometrist. Er lehnt einen leeren Formalismus der Abstraktion ab und versucht, seine Formensprache durch einen Strom des Expressiven, vor allem des Existenziellen zu intensivieren und gegen reinen Formalismus zu immunisieren. Seine Kunst oszilliert zwischen weit auseinander liegenden Spannungspolen. Sie versucht, der Konvention eines festgelegten Stils immer aufs Neue in heftigen Selbstwidersprüchen zu entkommen.

Indem Helmut Federle die inhaltliche Seite seiner konstruktiven Kunst betont, unterscheiden sich seine Arbeiten auch deutlich von den gerade in der Schweiz vertrauten Formen der ‹Konkreten Kunst›, von der Abstraktion eines Richard Paul Lohse oder eines Max Bill.

Der Wettbewerbsentwurf für den Novartis Bau konzentrierte sich auf die Steigerung der Wirkung der Gebäudeflächen. Aber gerade der aussergewöhnliche Vorschlag einer farbigen Fassade liess sich im verkleinerten Massstab eines Modells nicht simulieren. Für alle Beteiligten war die Entscheidung für diesen Entwurf ein Risiko. Sie verlangte Vertrauen in die gestalterische Vorstellungskraft des Künstlers und der Architekten und die Offenheit, sich auf etwas einzulassen, was es in dieser Grössenordnung und in

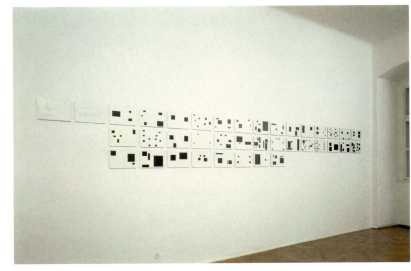

dieser Form noch nicht gab. Ohne einen aussergewöhnlichen Bauherrn wäre ein so ungewöhnlicher Bau nicht zu realisieren gewesen. Wie würden die Farbflächen im Tageslicht bei wechselnder Sonneneinstrahlung wirken? Wie würde die farbige Hülle den Innenraum beeinflussen? Wie würde das Unternehmen, die Stadt, die Öffentlichkeit auf das ungewöhnliche Äussere des Gebäudes reagieren?

Auch jetzt, da der Bau realisiert ist, sind Kühnheit und Gewagtheit des Entwurfes Teil der sichtbaren Ausstrahlung des Gebäudes. Man kann seiner Gestalt das Bekenntnis zur Innovation geradezu ablesen. Dass er sich nicht einfach den durchschnittlichen Erwartungen an Harmonie oder Perfektion und Zweckrationalität anpasst, wird ihn in der Öffentlichkeit umstritten machen. Aber genau deswegen unterscheidet er sich auch von anderen Unternehmensverwaltungen. Der Wunsch des Auftraggebers nach einem besonderen Gebäude, für das es keinen Vergleich geben sollte, hat sich erfüllt. Auch im Endergebnis ist es ein Bau ohne Modell.

Man kann den Eindruck, den das Novartis Gebäude hinterlässt, vielleicht als den einer schwerelosen, bislang nicht gesehenen technischen Ästhetik beschreiben. Eine Art neuester Hightech-Ästhetik mit einem Anflug von Sciencefiction-Unwirklichkeit. Der Bau erscheint wie ein zeitgemässer Nachfolger von Renzo Pianos Pariser Centre Pompidou (1971–1977), in dem auch einmal der Geist einer bestimmten industriellen Epoche gebündelt war. Vergleichbar sind die Gebäude natürlich nicht über die Farbigkeit, sondern über die tief aufgerissene Struktur der Fassade. Die Ästhetik des Centre Pompidou blieb vor allem dem Bild der grossen Maschinerie verbunden.

Das Novartis Gebäude dagegen zeigt eine Formensprache, die an die Unfassbarkeit und Immaterialität des elektronischen oder digitalen Zeitalters denken lässt. Die alte Formel ‹form follows function› funktioniert nicht länger. Die Form symbolisiert allenfalls Funktionen, deutet sie an, aber sie drückt sie nicht länger physisch aus. Das Gebäude erzeugt gleichzeitig den Eindruck von vollendeter Extravaganz und hybrider Improvisation. Hier wird kein geschlossenes Weltbild mehr ausgestrahlt. Der Baukörper selbst scheint aus einer Kettenreaktion sich wandelnder Eindrücke zu bestehen. Dieser Bau ist gleichermassen ein umbauter Raum, wie er eine offene Skizze zu sein scheint. Das Fragmentarische und Irritierende gehört zu seiner Wirkung. Irritierend ist natürlich auch, dass wir Glas in dieser Flächigkeit und Materialität vor allem aus sakralen Kontexten kennen. Kaum fünfhundert Meter vom Novartis Gebäude entfernt steht Karl Mosers St. Antonius Kirche von 1926. Die Glasfenster dort sind von einer hohen Abstraktion und vertrauen vor allem der Wirkung ihrer Farben. Ein anderer moderner Sakralbau der Schweiz, Konrad Fuegs streng kubischer Kirchenbau in Meggen bei Luzern (1964) beeindruckt bis heute durch die besondere Qualität des Lichts im Innenraum. Das Licht fällt nicht durch Fenster ins Innere, sondern es dringt direkt durch die dünn geschnittene Marmorhaut. Und vielleicht hat auch die gewagte Wand aus kubischen Blöcken von Fritz Wotrubas Wiener Kirche ‹Zur Heiligsten Dreifaltigkeit› (1965/1976) in Federles gewagt experimenteller Fassadenlösung Spuren hinterlassen.

Das Novartis Gebäude bietet ein Bild höchster Komplexität. Hier mischen sich Einflüsse aus weit auseinander liegenden Bereichen. Es stellt sich als lebendiger und technoider Zwitter dar. Die technizistische Anmutung ist also nur ein Aspekt. Überraschend sind die Einflüsse aus der Tier- und Pflanzenwelt. Wenn man sich fragt, woher man solche Strukturen sich überlagernder, verschieden grosser Formen und Farben kennt, dann fällt einem das Blätterkleid von Bäumen oder Sträuchern ein. Und auch der Vergleich mit einem Chamäleon, das die eigene Hautfarbe ändern kann, ist nahe liegend. Niemand käme auf die Idee, solchen Strukturen ihren konstruktiven Aufwand oder ihre verschwenderische Formenvielfalt vorzuwerfen. Man muss nur an das wunderbar strukturierte Schuppenkleid von Fischen denken oder an den Farbenreichtum des Gefieders von Vögeln, um zu erkennen, dass der Fundus abstrakter Formen keine Erfindung avantgardistischer Kunstströmungen ist, sondern eine uralte Erbschaft der Natur.

Helmut Federle hat sich in seinem Werk immer wieder mit idealisierendem Pathos auf die Welt der Tiere bezogen. Eine eigene Arbeit, die wie eine architektonisch-skulpturale Umsetzung seines Gemäldes ‹Basics on Form II› (1987) wirkt, hat er in Orleans ‹Pavillon für Fische› (2000) betitelt. Man kann sie durchaus als Hommage an die Schönheit der Tiere sehen. Seine künstlerische Vision nährt sich bei aller Abstraktheit von der Natur. Würde man einen Schmetterlingsflügel oder die kostbare Struktur einer Schlangenhaut unter dem Mikroskop betrachten, dann würde sich der Eindruck des Natürlichen fast wie von selbst ins Gegenteil, in eine bizarr manieristische Künstlichkeit verwandeln.

Gerade weil auch in so genannten ‹primitiven› Kulturen Natur und Abstraktion eine ganz selbstverständliche Einheit bilden, hat Federle immer wieder den Zusammenhang der eigenen Formensprache mit der aussereuropäischer

Kulturen hergestellt, sich auf die geometrischen Muster präkolumbianischer Keramiken oder auf die kunstvollen Webstrukturen traditioneller Gewänder und Textilien bezogen. «Die sinnliche Schönheit soll man sehen können. Man darf nicht alles nur auf die Funktion reduzieren.» (H.F.) Zwischen den Polen des Naturhaften einerseits und des Technischen andererseits zielt Federle auf die Frische einer Modernität, die über die Zeit hinausragt, weil sie auf Traditionen gegründet ist. Deshalb wirkt das Basler Novartis Gebäude ‹cool›, vermag aber auch magisch zu glühen.

Begegnet man dem Gebäude aus der Distanz, dann fällt auf, dass es sich durch seine luftige, fast immateriell schwerelose Erscheinung von den Bauten in der Umgebung unterscheidet. Das farbige Glas macht zwar auf das Gebäude aufmerksam, aber es nimmt ihm zugleich den Ernst, gibt ihm etwas Leichtes, fast Spielerisches, was nicht zum Bild passt, das man normalerweise von einer Konzernverwaltung hat. Farbtafeln in verschiedenen Formaten scheinen regellos sowohl horizontal als auch vertikal auf der Fläche verteilt, geben ihr momentane Akzentuierungen, die sich im nächsten Augenblick und mit dem nächsten Schritt wie von Zauberhand auflösen. An den Gebäudekanten vermischen sich die transparenten Glasflächen. Dort kann man durch die vorgehängte Fassade hindurch sehen. Man erkennt, dass die vier oberen Stockwerke des Gebäudes jeweils rundum von einer Loggia umzogen sind, hinter der sich eine zweite, innere Fensterfassade befindet.

Das Verblüffendste an diesem Gebäude und seiner starken Verhüllung ist aber deren komplexe Lebendigkeit. Betrachtet man den Bau im Stehen, scheint auch sein Erscheinungsbild stillzustehen. Bewegt man sich auf das Gebäude zu, dann bewegt sich auch das Bild mit dem Betrachter. Aus einer mittleren Distanz treten Details in den Vordergrund. Die Tragstruktur der Gläser wird sichtbar. Man erkennt, dass die Fassade aus drei voreinander schwebenden Glasebenen aufgebaut ist. Je nach Lichteinfall und Blickwinkel scheinen die Tafeln ihre Farbigkeit zu verlieren. Dafür wird in der Schrägsicht die gestaffelte Tiefe der Fassade erkennbar. An der Fassade werden Krater, Rücksprünge und Spalten sichtbar, die man vorher übersehen hat. Wie ein kostbarer, alter Stoff an manchen Stellen brüchig und bis auf die Webstruktur durchsichtig wird, hat auch diese Fassade offene und geschlossene Stellen. Immer aber bleibt sie eine Hülle, eine strahlende Ausschmückung, eine Überhöhung und Auflösung der Wandfläche. Die Fassade wird als Geste erkennbar, als ein nicht notwendiger, luxuriöser Schmuck, den man sich geleistet hat, weil man ihn sich leisten kann, und weil man ihn wollte. Indem sie die eigene Zwecklosigkeit auf die Spitze treibt, erfüllt sie plötzlich wieder eine Funktion. Sie wird zum baulichen Ausdruck der Feier eigener Kreativität.

Steht man unmittelbar unter der Fassade, die auf der Seite des Haupteingangs acht Meter säulenlos schwebend überkragt, dann verwandelt sich die Aussenhaut des Gebäudes ein drittes Mal. Von unten sieht man plötzlich tief in die technische Struktur hinein. Was bleibt, ist die Schichtung der Gläser und die Schärfe der Kanten. Plötzlich scheint das Gebäude sich explosionsartig über dem eigenen Kopf in seine Einzelteile aufzulösen. Was eben noch anmutig, leicht, tief und rätselhaft war, erscheint plötzlich provisorisch, unfertig und fragil.

Wie hyperkomplex, vital erregt, fragmentarisch und aufgelöst das Bauwerk sich von aussen auch zeigt, im Inneren überrascht es den Besucher durch einen atmosphärischen Umschwung. Hier wirkt es nur grosszügig und offen, elegant und vor allem ruhig. Das äussere Bild einer aus vielen komplexen Details zusammengefügten Einheit verwandelt sich im Inneren in eine konzentrierte Flächigkeit, aus der einzelne stark farbige Gläser – fast wie monochrome Gemälde – hervortreten. Dabei dominiert die Farbigkeit den Innenraum nicht. Sie greift fast unmerklich aufhellend in die Lichtstimmung ein. Und erstaunlicherweise stören die sich mehrschichtig überlagernden Flächen auch den Blick nach aussen nicht wirklich. Im Gegenteil: Man hat den Eindruck, dass der Aussenraum und der Innenraum fast nahtlos ineinander übergehen, als gäbe es die Vielfalt der gläsernen Schichtungen nicht. Seltsamerweise – und vielleicht liegt dies an den Farbtönungen – reicht die transparente Materialität des Glases, um den Eindruck einer sicher bergenden Hülle zu erzeugen.

Welche emotionale Kraft von der Farbigkeit ausgehen kann, erkennt man besonders an grauen Tagen. Gerade dann bewährt sich das Glas als Lichtspeicher von emotionaler und sinnlich wohltuender Qualität. Die Stunde für den grossen Auftritt des Baus aber schlägt nach Einbruch der Dunkelheit. Nachts hat das Gebäude Zeichencharakter. Dann zeigt sich der gläserne Körper als funkelnde Hülle. Dann entfalten die intensiv farbigen Gläser ungebrochen ihre Strahlkraft und steigern sie bis zu feuriger Glut oder befremdender Sakralität. Dann ist Licht nicht mehr der Stoff der Aufklärung, sondern die Materie des Magischen, des Wunders und des Unheimlichen.

Nachts wird auch deutlich, wie entscheidend es für die Wirkung der Farben ist, dass die Gläser nicht mit Farbe überzogen sind, sondern dass die Farbigkeit des Glases im Material selbst enthalten ist. Im Glas reagiert Farbe auf Licht, und Licht bringt die Farbe zum Leuchten. Plötzlich erkennt man, dass dieses Haus keine Fenster braucht, weil es selbst ein Fenster ist. Es ist das Schaufenster, mit dem sich das Unternehmen der Stadt – und nicht nur der Stadt – präsentiert. Man wird das Unternehmen international mit diesem Gebäude identifizieren. Es hat auch den Charakter eines Manifests.

Je länger man über dieses ungewöhnliche Bauwerk nachdenkt, desto deutlicher wird der Mut, auf eine falsche Geschlossenheit zu verzichten. Das Gebäude verbindet Bereiche des Lebens miteinander, die für sich getrennt alle unstrittig sind, aber fast nie zu einer Einheit verbunden auftreten: eine zweckrationale Funktionalität, einen spektakulär-künstlerischen Auftritt und eine fast symbolhaft bedeutungsvolle Inszenierung von Natur.

Fast ein Zehntel des Baus ist technisch aufwändig als Gewächshaus realisiert. Hier werden nicht Zierpflanzen, sondern gleich Bäume in grosser Zahl und Dimension eingesetzt. Fast surreal beginnt die Grünzone auf der ersten Etage und füllt den Gebäudekörper im Westen vier Geschosse hoch bis unters Dach. Die Bäume sind hier ein Bild der Natur als Urkraft. Sie sind das Paradigma einer bedrohten und dennoch existenziellen Ressource und nicht zum Blumenschmuck verharmloste Natur. Das Gebäude gewährt den Pflanzen einen Auftritt, als wären sie leitende Mitarbeiter des Unternehmens. Natur wird hier als vitales Zentrum inszeniert, als Stoff, den die Naturwissenschaften zwar erforschen, dessen Gesetzen sie auf die Spur kommen wollen, die sie imitieren und in wertschöpfende Produkte umsetzen, ohne ihr Vorbild je erreichen zu können.

Gerade in der Masslosigkeit, mit der hier Architektur, Kunst, Technik, Verwaltung und Natur miteinander verbunden werden, entzieht sich der Bau einer Beschreibung immer aufs Neue. Er spricht etwas in uns an, aber er führt es nicht aus. Er ist fragmentarisch, die Skizze einer Synthese aus Bruchstücken einer zerbrechenden Welt. Aber man kann dies alles auch viel nüchterner sehen. «Wirklich bedeutende Kunstwerke wollen nichts Eindeutiges sagen. Sie sind ein starkes Ereignis.» (H.F.)

(1) Hier und im Folgenden: Helmut Federle (H.F.) in einem Gespräch mit dem Autor im März 2005 in der Kunstakademie Düsseldorf, welches der Vorbereitung auf diesen Beitrag galt.
(2) Helmut Federle: Partnerschaft in Gestaltungsfragen. Zur Zusammenarbeit von Maler und Architekt, in: Archithese, Nr. 4, 1995, S. 38–41.

Abbildungen
S. 56: Helmut Federle: Nachbarschaft der Farben (3.11.96), 1996. Farbkreide auf Papier. Courtesy Galerie nächst St. Stephan Rosemarie Schwarzwälder, Wien. Foto: Franz Schachinger, Wien
S. 57: Helmut Federle: Black Series I, 1977. Bleistift und Gouache auf Papier, 38-teilig. Courtesy Galerie nächst St. Stephan Rosemarie Schwarzwälder, Wien. Foto: Franz Schachinger, Wien
S. 59: Helmut Federle: 4,4 The Distance (Desviaciones de), 2002. Acryl auf Leinwand. Foto: Franz Schachinger, Wien
S. 61: Anni Albers: South of the Border, 1958. Wolle und Baumwollgewebe. Quelle: Josef und Anni Albers: Europa und Amerika. Künstlerpaare – Künstlerfreunde, Bern 1998
S. 62: Diener & Diener Architekten mit Helmut Federle: Schweizerische Botschaft, Berlin 2001

Jan Thorn-Prikker
CLAD IN GLASS The Novartis Building Façade within Helmut Federle's Œuvre

"Without the energies of rationality architecture would only be an empty game with forms, without irrational energies only a kind of mechanical engineering." (Mies van der Rohe)

It is a stroke of good fortune that co-operation with Roger Diener gives Helmut Federle the possibility of being present with a large-scale, architecturally-related, publicly-visible work in the very city where his artistic career began. In 1964 he enrolled at Basel's Allgemeine Gewerbeschule, which at that time was the most important training place for the applied arts in Switzerland. Presumably one of the reasons for Federle's appreciation of ceramics, textiles, furniture, book-design and typography, and not least of architecture too, which has accompanied his work from the start, is to be found here.

Federle has repeatedly indicated how important the Basel Kunstmuseum was for him. His familiarity with classical Modernism could be established here with original works by the European avant-garde. He was able to encounter Edvard Munch's passionate paintings and to study the unique way in which Paul Klee used nature as a source of abstraction. American postwar painters could probably be seen earlier and more intensively at the Basel Kunstmuseum than anywhere else in the Europe of the 1960s. The spiritually-charged colour-field painting of Mark Rothko, Barnett Newman, and Clifford Still greatly influenced him. For a young artist who set to work two decades after the Second World War, Basel must have been a good starting-point. The city's closeness to the French and German frontier probably also served as an invitation not to restrict orientation to his own mentality and country.

As a centre for the chemical and pharmaceutical industry the city was determined by economic rationality. However for Helmut Federle Basel must also have been an interface on an imaginary axis between Dornach and Ronchamp. Federle was enthusiastic about the monolithic form of the Goetheanum at Dornach which preserves what is nature-like within amorphousness and attempts to fill the stone form with spirit. Anthroposophy also stands for a world of conscious outsiderdom, for amendment of normality through openness to what is speculative and aspects of the world ungraspable by reason alone. Le Corbusier's wonderful chapel at Ronchamp was not so far away on the French side of the city. "Ronchamp greatly impressed me." (Helmut Federle) That was the spirit of an undogmatic modernism. A synthesis of architecture, art, and intellectuality that rarely succeeds.

In Federle's œuvre there exists a hitherto little-observed continuity of dealings with architecture. In 1993 he worked with Adolf Krischanitz on building the "New World" kindergarten in Vienna's Prater for Jewish refugee children from Eastern Europe. "I see acceptance of colour as an integrated material component as the most important starting-point." (H.F.: Partnerschaft in Gestaltungsfragen, in: Archithese, no. 4, 1995). The general public's failure to pay attention to that contribution results from its not taking such architectural details seriously. From the very start Federle broke with the unsatisfactory practice of "art on buildings". He insisted that the building itself must be artistic, and that the artist's contribution must be more than mere addition or decoration.

At any rate in the nineties Federle co-operated with the Herzog & de Meuron partnership on the construction at Munich of a private museum for the Goetz Collection. This involved "creative dialogue" where the artist brought his strong views about the kind of space needed for exhibiting contemporary art into his architect friends' planning. This form of co-operation between architect and artist inevitably entailed that his contribution was incorporated in the building's development without that being superficially apparent as an autonomous element.

In later projects, particularly when working together with Gerold Wiederin, the Viennese architect, on the night pilgrimage chapel at Locherboden (1996), the substance of his contribution becomes considerably clearer. Gerold Wiederin is the third man in the Novartis Project working-group. He has served as a necessary link between Diener and Federle. For Locherboden Federle created a wall piece made from superimposed bits of coloured glass which forms the chapel's radiant centre. This work does without religious symbols, relying completely on the tradition of the spirituality of light.

Helmut Federle has another work in glass at Hans Kollhoff's 1999 Landeszentralbank in Meiningen. He devised a monumental coloured window made from overlapping layers of rectangular pieces of coloured glass for the building's end-wall, flooding the bank's main hall with colourful light. The artist thus does not hesitate to endow this space with a dignity and a pathos which would generally be expected in a sacred context.

Federle's largest architectural work to date is the wall-relief on the Swiss Embassy in Berlin (2001). This building, created by Roger Diener, basically consists of three elements: an old core preserved from the pre-war period, flanked by an uncompromisingly modern section which extends the construction spatially, and a concrete relief covering the entire side-wall which unifies and rounds off the structure. Here of course it was the clear-cut affirmation of exposed concrete that created difficulties for the German public, particularly in a Berlin so addicted to the prestigious. However among the city's embassy buildings the Swiss is certainly one of the most striking today.

The Novartis Building in Basel continues and even intensifies the co-operation between Roger Diener and Helmut Federle, this time augmented by Gerold Wiederin. The architects take up the challenge of implementing their artist friend's proposal for a radically experimental façade whose impact is not absolutely predictable. This breaches a fundamental element in modernist architectural conventions: the readability of constructional logic from the external appearance. Federle's façade lies like a colourful veil over the entire length of the building. It adds the transparency of an almost impressionistic suggestion of colour. Despite criticism of this being a "superimposed façade", it self-assuredly affirms itself as such, seeking to be recognised as a sheath over a nucleus, a robe over a body.

Completely different energies come together in this joint venture with the two architects and the artists. They share a love of geometry and significant form. Each thinks highly of the others as experts in their own field, and each also knows the potential of the others, going beyond his own. In conversation Helmut Federle once jokingly exaggerated this: "Roger Diener is rationality. I am irrationality." But of course such a declaration at most indicates different attitudes without precisely delineating the share of the artistic and of the architectural in the act of drawing up a plan. "Irrationality" is not a negative category here; it addresses the potential of unrestrained creativity which does not simply fit in with rationality but self-assuredly acts as a partner and corrective.

Federle brings his characteristically restless high-voltage energies to this project. In this unusual co-operation the artist needs the architect in order to implement his plan. But the architect needs the artist's autonomous power just as much. In their search for exceptional quality they encourage one another to go beyond the limits of their spheres of competence and to expand the areas open to their specialisation. In the work of those involved this co-operation constitutes something new and goes far beyond the limits of a classically comprehended division of labour.

For both architects and artist there develops something that Roger Diener, Gerold Wiederin, and Helmut Federle have called "aesthetic and visionary added-value". As a form of applied art architecture thereby profits from the utopian, visionary, and irrationally creative aspect of autonomous art. The artistic blueprint opens itself up to technical scrutiny, thinking the design through to the point of practical implementation. In this case the architects allow the artist to play an important part in the building's expressiveness. The artist intensifies and emphasises the aesthetic expressiveness already implicit in the high-quality architectural plan. He adds qualities which are difficult to grasp, shimmering as they do somewhere between sensuality and meaningfulness. The client's wishes basically imposed narrow limits on the architects. The requirements were very precise. There was a master plan, a fixed position on the site for the building, and a predetermined height for each storey. In brief, it could be said that the client expected the architect to produce the most interesting design possible for a building tract whose width and height were laid down. The architects sought a solution that made visible the special significance of this pilot project and its prominent position on the new Novartis Campus. They decided in favour of working together with an artist whose geometrical abstract art itself contains architectural elements. Together they chose to use glass and together they devised the concept of a coloured sheathing of the building.

This artist's long experience of fitting individual right-angled or square forms onto a backing contributed to the shaping of the façade. In the early 1977 sketchbooks are already to be found drawings where he explores Malevich or grid-like arrangements of colour and form reminiscent of Paul Klee or Josef Albers. From the start one had the feeling this was never just an investigation of form; these compositions were at the same time also concerned with something psychological, with studies of balance and imbalance, tilting and falling, expansion and compression, richness and poverty, meaninglessness and meaningfulness. Viewed from today's perspective, the early drawings in the 1977 "Black Series I+II" particularly seem to be studies of form which could be incorporated in the arrangement of areas on the Basel façade. Here a basic vocabulary, at work in this artist's language of forms up to the present day, was being prepared.

The studies in colour which Helmut Federle systematically pursued almost daily for several years between 1994 and 1997—published in 1998 as "Nachbarschaft der Farben" ("Contiguity of Colours")—could also almost be read as preliminary studies for the Basel façade. The tight grid of lines drawn with coloured pencils link up as textile-like structures. These sheets derive vibrant vitality from the alternation of horizontal and vertical lines. They give expression to diverse zones of colour which are juxtaposed and combine as transparent webs of coloration.

Helmut Federle is not a geometrist. He rejects an abstraction of empty formalism, attempts to intensify his formal language by way of an injection of expressivity, above all of existential significance, and to immunise it against pure formalism. Federle's art oscillates between poles of tension that are far apart. Time and again it attempts in violent demonstrations of self-contradiction to evade the convention of an established style. By stressing the content of his constructive art, Helmut Federle also clearly distinguishes himself from the forms of "concrete art" familiar in Switzerland, from the abstraction of a Richard Paul Lohse or a Max Bill.

The competition entry for the Novartis Building concentrated on intensifying the impact of the surface areas of the building. But the unusual proposal for a coloured facade could not be simulated on the small scale of a model. For all those concerned the decision in favour of this plan was risky. It demanded trust in the creative power of imagination and readiness to get involved in something which had not previously existed in this size and in this form. It would not have been possible to implement such an unusual building without an exceptional client. What would the impact of the colour be in daylight with changing incidence of sunlight? How would the coloured sheath influence the inner space? How would the staff of this enterprise and the public in the city respond to this unconventional appearance?

Today, when this structure stands, the boldness and daring nature of this plan is still part of the building's visible emanation. Its affirmation of innovation can be read in its appearance. The client's wish for a special building, for an unparalleled building, has been fulfilled. This is a building without any precedent, even in the final outcome.

The impression it makes can perhaps be described as that of an apparently weightless, hitherto unseen, technological aesthetic. A kind of ultra-modern high-tech aesthetics with a trace of science fiction irreality. The building seems like a more contemporary successor of Renzo Piano's Centre Pompidou in Paris where the spirit of a specific industrial epoch was also once concentrated. The two buildings are of course not comparable in terms of the colour used, but rather with regard to the deeply incised façades. But Pompidou's aesthetic remains predominantly linked with the image of large-scale mechanisation.

The Novartis Building, on the other hand, presents a formal language that makes an observer think of the intangibility and immateriality of the electronic or digital age. The old formulation of "form follows function" no longer operates. The building simultaneously generates an impression of complete extravagance and hybrid improvisation. No unified world image is transmitted here any longer. The building itself seems to consist of a chain-reaction of moving impressions. This edifice is both a circumscribed space—and appears to be an open-ended sketch. These fragmented and provocative aspects are part of the impression it makes.

Provocative too is the extensive use of glass in a way normally only familiar to us in a sacred context. Scarcely 500 m from the Novartis Building in Basel is Karl Moser's St. Antonius Kirche dating from 1926. The glass windows there are highly abstract and mainly owe their impact to the colours. Another modern Swiss religious building, Konrad Fueg's austerely cubist church in Meggen/Lucerne (1964), continues to impress thanks to its special quality of light. Without any windows this light falls directly through the thinly-cut marble skin. And perhaps the bold wall made out of cubic blocks in Fritz Wotruba's Viennese church (1964) also influenced the experimental solution for the façade.

The Novartis Building embodies an image of the greatest complexity. Influences from highly disparate spheres mingle here. It presents itself as a hybrid that is both living and technoid. Yet the emphasis on technology in its appearance is only one aspect. Even more surprising are the influences from vegetative and animal-like realms. When asking oneself where comparable structures of superimposed forms of different sizes and colours exist, one quickly thinks of the leaves that clad trees and other plants. Comparison with a chameleon, which can vary its own skin-colour, suggests itself too. None of us would hit on the idea of reproaching such structures for their elaborate construction or lavish diversity of forms. One only need think of fishes' wonderfully structured scales, or of bird-feathers' wealth of colour, to see that the stock of abstract forms is not an invention of avant-garde art; it is an ancient legacy of nature.

In his work Helmut Federle has time and again referred—with idealising pathos—to the animal world. In Orleans one of his works, which seems like an architectural and sculptural transposition of the 1987 "Basics on Form II", was called "Pavilion for Fishes" (2000). This can well be viewed as homage to the beauty of animals. His artistic vision feeds on all the abstraction of nature. If one were to observe a butterfly wing or the sumptuous structure of a snakeskin under a microscope, the impression of naturalness would be almost automatically changed into its opposite: bizarrely artificial mannerism.

Just because nature and abstraction also constitute an absolutely self-evident unity in so-called "primitive" cultures, Federle has time and again established the connection between his own formal language and non-European cultures, and has invoked the geometrical patterns of pre-Colombian ceramics or the artful weaving structures in traditional garments and textures. "People should be able to see the sensuous beauty. Not everything should be reduced to function." (H.F.) Between the two extreme poles of the natural and the technical, Federle seeks the freshness of a modernity which stands above time because it is founded on tradition. That is why this building is both "cool" and capable of glowing magically.

When the building is encountered from a distance, it becomes apparent that the structure's airy, almost immaterially weightless appearance distinguishes it from all other buildings. The coloured glass may attract attention to the building but at the same time reduces the seriousness, endows it with something light, almost playful, which doesn't fit in with expectations of the image presented by a big company's administrative office. Sheets of colour in different sizes seem to be haphazardly distributed, horizontally and vertically, on the façade, creating provisional accentuations which dissolve as if by magic in the next moment and with the next step. The transparent areas of glass mingle at the edges of the building. There one can see through the superimposed façade. One recognises that the building's four upper storeys are each encircled by a loggia along the entire length, and behind that is a second façade of inner windows.

The most amazing aspect of this building with its expressive veiling is the complex vitality. Viewed when standing, its appearance also seems to stand still. When one moves towards the building, its image also moves with the observer. From the middle distance details come into the foreground. The supportive structure of the glass becomes apparent. One recognises that the façade is constructed out of three levels of glass floating in front of one another. Depending on the way the light falls and the viewing-point, the glass areas seem to lose their colour. Seen obliquely the staggered depth of the façade becomes apparent. It reveals hitherto overlooked craters, cracks, and fissures. Just as a precious piece of old material gets brittle in some places and the underlying structure of the weave becomes transparent, so too does this façade have open and closed aspects. However it always remains a sheath, a radiant adornment, a going beyond and dissolution of the wall area. The façade is recognisable as a gesture, as a dispensable luxurious embellishment that one has allowed oneself because one could and wanted to. By emphasising its non-utilitarian nature, the façade suddenly once again fulfils a function. It becomes a built expression of celebration of one's own creativity.

When one stands immediately below the façade which on the side of the main entrance towers up eight metres without any pillars, the building's outer skin is then transformed for a third time. From below one suddenly sees deep into the technical structure. All that remains is the layering of the glass and the clarity of the edges. All of a sudden the building seems to dissolve explosively—above one's head—into its individual parts. What just now was still graceful, light, deep, and mysterious abruptly appears provisional, unfinished, and fragile.

No matter how hyper-complex, vitally excited, fragmentary, and dispersed the building may present itself as being from the outside, a transformation of atmosphere surprises the visitor to the interior. Here the structure seems generous and open, elegant and, above all, tranquil. The image of a unity formed out of many complex details is transformed on the inside into a concentrated expansiveness where individual strongly-coloured pieces of glass stand out—almost like monochrome paintings. Yet colourfulness does not dominate the interior space. Almost imperceptibly it brightens the overall light. Astonishingly the several layers of superimposition do not disturb the view outwards either. Quite the contrary. One has the impression that outer and inner space merge almost seamlessly as if there were not any great diversity of layers of glass. Strangely—and perhaps this results from the shades of colour involved—the transparent materiality of glass is sufficient to generate the impression of a sheath which provides refuge. The emotional power that can emanate from colour is particularly apparent on grey days. Particularly then does the glass demonstrate its value as reservoir of light whose quality brings emotional and sensuous benefits. But the building's big moment comes after darkness has fallen. At night it takes on a symbolic character. Then the glass body turns out to be a gleaming sheath. Then the intensively coloured glass is unrefracted; its radiance intensifies to become a fiery blaze or disconcerting sacrality. The light is no longer the material of enlightenment; it is the source of what is magical, of wonder, and of the mysterious.

At night it becomes clear how crucial—with regard to the impact of colours—is the fact that the colourfulness of glass is contained within the material itself rather than just being on the surface. In glass colour reacts to light and light makes colour radiant. Suddenly one recognises that this building doesn't need windows because it is itself a window. It is a display-window by means of which this firm presents itself to the city—but not just to this city. People will identify the company with this building internationally. The building also has the character of a manifesto.

The longer one thinks about this unusual building, the clearer it becomes that this creation has the courage to renounce false unity. It links spheres of existence which are all basically accepted as separate entities but almost never appear as a unity. The building has two zones which compel reflection on the part of any observer. It connects a rational and utilitarian functionality with a spectacular artistic "entrance" and with an almost symbolically significant staging of nature.

Almost a tenth of the building serves as a greenhouse calling on lavish technology. Here not just plants are grown but also a considerable number of large trees. Almost surreally this green zone begins on the first floor and on the West fills the body of the building four stories high, up to the roof. This involves more than an image of nature as primal force. It is a paradigm of a threatened and yet existential resource rather than of nature diminished as flowery adornment. The building grants plants an "entry" as if they were leading members of the company's staff. Nature is staged here as a vital centre, as a substance which the natural sciences may research, whose laws they want to track down, which they imitate and convert into value-creating products, without ever being able to achieve what nature does.

In that lack of moderation where diverse spheres are yoked together this building time and again evades classification. It speaks to something within us but does not spell that out. It is fragmentary: the sketch of a synthesis from particles of a disintegrating world. But all of that can be seen much more soberly. "Really important works of art do not want to say something definitive. They are a powerful occurrence." (H.F.)

Pictures
p. 56: Helmut Federle: Nachbarschaft der Farben (3.11.96), 1996. Coloured crayon on paper. Courtesy Galerie nächst St. Stephan Rosemarie Schwarzwälder, Vienna. Photo by: Franz Schachinger, Vienna
p. 57: Helmut Federle: Black Series I, 1977. Pencil and gouache on paper, in 38 parts. Courtesy Galerie nächst St. Stephan Rosemarie Schwarzwälder, Vienna. Photo by: Franz Schachinger, Vienna

p. 59: Helmut Federle: 4,4 The Distance (Desviaciones de), 2002. Acryl on canvas. Photo by: Franz Schachinger, Vienna
p. 61: Anni Albers: South of the Border, 1958. Wool and cotton fabric. Source: Josef und Anni Albers: Europa und Amerika. Künstlerpaare – Künstlerfreunde, Bern 1998
p. 62: Diener & Diener Architekten with Helmut Federle: Swiss Embassy, Berlin 2001

Ulrike Jehle-Schulte Strathaus
GLASARCHITEKTUR

«Das neue Milieu ... muss uns eine neue Kultur bringen.» (Paul Scheerbart)

«Wollen wir unsere Kultur auf ein höheres Niveau bringen, so sind wir wohl oder übel gezwungen, unsere Architektur umzuwandeln. Und dies wird uns nur dann möglich sein, wenn wir den Räumen, in denen wir leben, das Geschlossene nehmen. Das aber können wir nur durch die Einführung der Glasarchitektur, die das Sonnenlicht und das Licht des Mondes und der Sterne nicht nur durch ein paar Fenster in die Räume lässt – sondern gleich durch möglichst viele Wände, die ganz aus Glas sind – aus farbigen Gläsern. Das neue Milieu, das wir uns dadurch schaffen, muss uns eine neue Kultur bringen.» (1)

So beginnt der Dichter Paul Scheerbart (1863–1915) seine Publikation ‹Glasarchitektur›, die 1914 erschien. Das Zitat liest sich ohne weiteres als Beschreibung des Hauses Forum 3 auf dem Novartis Campus. Der als Fantast bewunderte und belächelte Dichter wurde 1914 zum Wortführer der ‹Gläsernen Kette›, einer Gruppierung von Architekten wie Bruno Taut, Walter Gropius, Hans Scharoun oder Hans Poelzig, die die Entwicklung der Moderne massgeblich prägten. Es war das Jahr, in dem Bruno Taut seinen Glaspavillon für die Werkbundausstellung in Köln errichtete, eines der Aufsehen erregenden Projekte der zitierten «Glasarchitektur». Der Glaspavillon in Köln war temporär und war zwar ein Haus aus Glas, in der technischen Verarbeitung aber immer noch der traditionellen Methode mit kleinen Glaseinheiten und dominierenden Fassungen aus Beton oder Metall verhaftet. Der Pavillon war lichtdurchflutet, aber nicht transparent. Das zarte Relief der farbigen Gläser verhinderte den Blick nach draussen, während das einfallende Tageslicht den Innenraum in ein mildes nahezu schattenlos diffuses Licht tauchte. «Zugleich aber reflektierten die plastischen Muster das von innen auftreffende Licht der elektrischen Lampen, so dass die Unendlichkeit kosmischer Weite, die sich in der Hinterleuchtung der Gläser vom Sonnenlicht mitteilte, von einem Glitzern und Funkeln auf der räumlichen Ebene der Kuppelhaut überspielt wurde.» (2)

Es gibt verschiedene Aspekte, die das erste realisierte Haus von Roger Diener, Helmut Federle und Gerold Wiederin auf dem Novartis Campus zu einem besonderen Ereignis machen. Es geht um seine Materialität Glas, um die Autorenschaft, um künstliche Vegetation und schliesslich um das Stichwort ‹Kunst und Architektur› oder besser um das Verhältnis von Künstler und Architekt.

Glasarchitektur, Architektur und Glas – diese Begriffe erwecken viele verschiedene historische Assoziationen. Es sind dies zunächst die farbigen Glasfenster der hochmittelalterlichen Kirchen, die den Gläubigen das Evangelium und die Heiligenviten als Bildergeschichten nahe brachten. In unmittelbarer Umgebung von Basel denkt man dabei sofort an die elf Masswerkfenster der Klosterkirche Königsfelden (1310–1330), die die Wände fast ganz aufzulösen scheinen und den grossartigen Glasgemäldezyklus bergen, der zu den reifsten und kühnsten Leistungen der europäischen Glasmalerei des 14. Jahrhunderts gehört.

Für die Moderne des 20. Jahrhunderts sind es in Basel der Innenraum der wegweisenden St. Antonius Kirche aus Beton von Karl Moser mit seinen dominanten Glasfenstern aus den späten 20er Jahren oder die Beispiele der abstrakten Glasmalerei, die im Zusammenhang mit den Erneuerungsbestrebungen der katholischen Kirche in den 50er Jahren im schweizerischen und französischen Jura entstanden. Bis jetzt haben wir an kirchliche Beispiele erinnert, und das nicht von ungefähr. Auch Gerold Wiederin und Helmut Federle haben mit der Nachtwallfahrtskapelle Locherboden (1996) einen zeitgenössischen Beitrag zu dieser Gattung geleistet.

Denken wir an die profane Verwendung von Glas in der Architektur, so erinnern uns wunderbare Bauten des 19. Jahrhunderts an die eigentliche Revolution der industrialisierten Glasverwendung: der Crystal Palace von Joseph Paxton bei der Londoner Weltausstellung (1851), die grossartigen Gewächshäuser auf der britischen Insel und auf dem Kontinent und natürlich die Passagen der europäischen Metropolen, denen Walter Benjamin sein berühmtes ‹Passagen-Werk› gewidmet hat, Paradebeispiele gefasster städtischer Öffentlichkeit.

Es brauchte grundlegende Neuerungen der Moderne: die nicht tragende Aussenwand, den *curtainwall,* und den freien Grundriss dank eines Stützensystems, um die durchgehende Transparenz eines ganzen Hauses zu erreichen. Mies van der Rohes Glashaus an der Friedrichstrasse in Berlin von 1922 war die manifesthafte Skizze dieser Entwurfsidee. Die Aussenhaut des ganzen Hauses sollte nur aus Glas bestehen und so die Trennung zwischen Innen- und Aussenraum auflösen.

Im Haus Forum 3 des Novartis Campus kommen zwei Stränge der traditionellen Glasarchitektur zusammen: ein komplett verglastes ‹modernes› Haus und die Idee ‹mittelalterlicher› Farbigkeit der Glasscheiben als tiefenräumlich in drei Schichten gestaffelte Aussenhaut. Deren Architektur ist in den anderen Beiträgen dieses Buches ausführlich beschrieben. Die Verwendung von Glas, sei es weiss oder farbig, hat hier andere Begründungen und Inspirationen. Von der in den christlichen Kirchen zu beobachtenden geistigen Durchflutung des Raums durch Licht oder von der Lichtinszenierung als Abbild der Unendlichkeit kosmischer Weite wie bei der ‹Gläsernen Kette› kann nicht die Rede sein. Es geht um eine Architektur des Wissens, der Innovation und des Austauschs, die wiederum auf Transparenz, diesmal auf eine ‹weltliche› Durchschaubarkeit und Offenheit angewiesen ist. Und es geht um die Gattung von Administrationsgebäuden, wie sie nicht nur in der chemischen Industrie anzutreffen ist. In unmittelbarer Nähe, ein wenig rheinaufwärts in Basel, gibt es dafür eines der besten Beispiele im Verwaltungsgebäude der Firma Hoffmann-La Roche, das Otto Rudolf Salvisberg 1936 für die Firma errichtete. Dort entdecken wir eine Referenz, die schon im Wettbewerb für den Novartis Campus 2002 angeführt wurde: Das neusachliche Wandbild von Niklaus Stöcklin am Ende des langen Flurs der Beletage zeigt überdimensionierte Heilpflanzen, ursprüngliche Basis pharmazeutischer Produktion, als Repoussoir vor dem tief liegenden, weit entfernten Horizont der Chemiestadt Basel.

Diese Idee ist im Haus Forum 3 des Novartis Campus fortgesetzt, vielmehr umgesetzt worden. In dem sich über die vier oberen Geschosse in die Höhe entwickelnden Raum haben Vogt Landschaftsarchitekten exotische Bäume und Pflanzen eingegraben und damit im übertragenen Sinn das Stöcklin'sche Bild in die globale Realität unserer Zeit transformiert. Sie haben damit auch an die Tradition der Weltausstellungen und der Gewächshäuser des 19. Jahrhunderts angeknüpft, in denen die exotische Natur der weltweiten Kolonien dem staunenden heimischen Publikum nahe gebracht worden war. Hier sind kleine Besprechungszimmer und Balkone innerhalb des Pflanzenraums zur Regeneration vorgesehen, haben also über ihre internationale Anmutung hinaus einen durchaus funktionellen Aspekt.

Wir haben im traditionellen Studium der Kunstgeschichte gelernt, zuzuschreiben und zu datieren. Das bedeutet, die Urheberschaft eines Meisters, seine ‹Hand›, von jener seiner Werkstatt oder Mitarbeiter genau zu unterscheiden. Dahinter steckt die Frage nach dem Individuum, der *personality,* die uns seit Vasari und seinen Künstlerviten interessiert. Noch die Mitglieder einer spätmittelalterlichen Bauhütte blieben anonym, von wenigen Ausnahmen wie jene der Parlerfamilie abgesehen. Die Renaissance hat den Menschen ins Zentrum des Interesses gerückt, seitdem wollen wir genau wissen, wer, was, wann, wo und warum beigetragen hat. Diese Neugierde bringt uns am Beispiel des Novartis Forum 3 nicht weiter. Das Wann und Wo ist beantwortet, das Wie so weit als möglich, das Wer aber nicht genau. Es wäre zu einfach, auf Helmut Federles Zeichnungen aus den 70er Jahren hinzuweisen und damit die Fassade des Hauses zu erklären. Es steckt dahinter ein immens umfangreiches architektonisches Wissen, die nötige Risikobereitschaft und letztlich die Entscheidung von Roger Diener, bei dieser Aufgabe den Künstlerfreund Helmut Federle, den Kollegen Gerold Wiederin und den Landschaftsarchitekten Günther Vogt einzuladen zur gemeinsamen Arbeit.

Wer die Arbeitsweise im Büro Diener & Diener seit längerem kennt und verfolgt, kann sich den Entwurfsprozess vorstellen als ein langes, immer wieder neu ansetzendes, hinterfragendes Gespräch aller Beteiligten. Da werden Probleme immer neu gestellt, gemeinsame Formulierungen langsam erarbeitet, verworfen und neu gesichtet. Dabei bringt jeder der Beteiligten seine spezifischen Kenntnisse und Fähigkeiten ein. Es geht hier nicht darum, ob oder wann ein Künstler zugezogen wird, es geht schliesslich um das Werk einer Arbeitsgemeinschaft, einer ‹Bauhütte des 21. Jahrhunderts›.

(1) Paul Scheerbart: Glasarchitektur, Berlin 2000, S. 13.
(2) Angelika Thiekötter u.a.: Kristallisationen, Splitterungen, Basel/Berlin/Boston 1993, S. 46.

Ulrike Jehle-Schulte Strathaus
GLASS ARCHITECTURE

"The new milieu ... must bring us a new culture." (Paul Scheerbart)

"If we want to raise our culture onto a new level, we have to transform our architecture whether we like it or not. And that will only be possible if we put an end to the closed-off spaces in which we live. But we can only do that by introducing glass architecture which lets sunlight and moonlight and stars into these spaces—not just through a few windows but through as many walls as possible, walls completely made of glass, of different coloured glasses. The new milieu we thereby create for ourselves must bring us a new culture."(1)

That is how poet Paul Scheerbart (1863–1915) begins his book "Glasarchitektur" which was published in 1914. This quotation could also serve as a description of the Forum 3 building on the Novartis Campus. In 1914 Scheerbart, both admired and ridiculed as a visionary, became the spokesman for the "Gläserne Kette" ("Crystal Chain"), a grouping bringing together such architects as Bruno Taut, Walter Gropius, Hans Scharoun, and Hans Poelzig, who played an important part in the development of modernism. This was the year in which Bruno Taut created his glass pavilion for the Werkbund exhibition in Cologne, an attention-attracting project demonstrating such "Glas Architecture". This house of glass was a temporary building where the technical processes still followed traditional methods with small units of glass and dominant facades of concrete or metal. The pavilion was flooded with light but not transparent. The delicate relief made from coloured glass impeded the external view while the incoming daylight bathed the interior space in a gentle, shadowless, diffuse light. "However at the same time the sculptural patterns reflected the light from internal electric lamps so that the endlessness of cosmic space, communicated in back-illumination of the glass by sunlight, was overlaid by a glittering and sparkling at the spatial level of the cupola-surface."(2)

Various aspects make the first building implemented by Roger Diener, Helmut Federle, and Gerold Wiederin something special: the use of glass, the collective approach, the incorporation of vegetation in an unnatural habitat, and the relationship between artist and architect ("Art and Architecture").

Architecture and glass arouse many different historical associations. Firstly the coloured glass windows in late mediaeval churches, which, operating like picture-stories today, brought the faithful closer to the Gospel and the lives of saints. Near Basel one immediately thinks of the eleven traceried windows in the monastery church at Königsfelden (1310–1330), which make the walls almost seem to vanish and present some of the boldest and most mature achievements in 14th century European glass painting.

For 20th century modernism in Basel there is the inner space of Karl Moser's trail-blazing St. Antonius Kirche dominated by its late 1920s glass windows. There is also the abstract glass-painting in the Swiss and French Jura, an outcome of the Catholic Church's efforts towards renewal in the 1950s. We deliberately referred to work in churches since Gerold Wiederin and Helmut Federle have also made a contemporary contribution in the night pilgrimage chapel at Locherboden.

If we think of the secular use of glass in architecture, there come to mind wonderful 19th century examples of the real revolution in industrialised use of glass: Joseph Paxton's Crystal Palace in the London Great Exhibition (1851), the splendid greenhouses in the British Isles and on the Continent, and of course the arcades in European metropolises as prime examples of urban public life and the subject of Walter Benjamin's celebrated "Passagen-Werk".

Fundamental modern innovations—the non-loadbearing outer wall, the curtain wall, and the free ground-plan based on a different kind of support-system—were needed to make possible total transparency for an entire house. Mies van der Rohe's 1922 house of glass in the Berlin Friedrichstrasse was the manifesto-like sketch of this idea. The outer skin of the entire house was supposed to consist entirely of glass, thereby eliminating the separation between inner and outer space.

In the Forum 3 building on the Novartis Campus two strands of traditional glass architecture come together: a "modern" house made completely of glass and the idea of "mediaeval" colourfulness with the pieces of glass layered in depth as a tripartite outer skin. The architecture has been described in detail in other contributions to this book. There are different reasons and inspirations for the use here of both plain and coloured glass. This is not a question of any spiritual flooding of space by light as is to be observed in Christian churches, or of a staging of light as a depiction of the endlessness of cosmic space as in the "Crystal Chain". What is involved here is an architecture of knowledge, of innovation, and of exchange, which are in turn dependent on transparency, this time entailing a "secular" clarity and openness. And it involves the genre of administrative buildings not just limited to the chemical industry. Close at hand, just above the Rhine in Basel, there is one of the best examples at Hoffmann-La Roche, designed for the company by Otto Rudolf Salvisberg in 1936. There we discover a reference-point that was mentioned in the 2002 competition for the Novartis Campus. Niklaus Stöcklin's New Objectivity wall-painting at the end of the long first-floor corridor depicts larger than life-size healing plants, the original basis of pharmaceutical production, as foreground to the lower distant horizon of Basel, city of chemicals.

This idea is taken further—or rather transposed—in the Forum 3 building on the Novartis Campus. Vogt Landscape Architects have installed exotic trees and plants in the space extending upwards in front of the four upper floors, and thus figuratively transformed Stöcklin's picture into the global reality of our time. They also followed on from the tradition of 19th century world fairs and hothouses where exotic nature from colonies across the world was presented to an astonished local public. Here there are plans for little meeting places and balconies for recuperation among the plant zone, serving functional needs alongside their international associations.

In traditional art history studies we have learned to attribute and to date. That involves making precise distinctions between a master's authorship, his "hand", and that of his workshop or staff. That involves the question of individuality, of personality, which has interested us ever since Vasari and his lives of artists. The late mediaeval members of a church masons' guild were still anonymous—with a few exceptions such as the Parler family. The Renaissance moved the human being to the centre of interest; now we want to know all about the contribution made by "who", "what", "when", "where", and "why". This curiosity does not take us so far in the case of the Novartis Forum 3. The "when" and the "why" are answered; the "how" as much as possible; but the "who" is left uncertain. It would be too simple to point to Helmut Federle's drawings from the 1970s as an explanation for the building's facade. That is based on immense architectural knowledge, the necessary readiness to take risks, and ultimately Roger Diener's decision to invite his artist friend Helmut Federle, his architect colleague Gerold Wiederin, and landscape architect Günther Vogt to participate in this joint project.

Anyone who has long known and followed how the Diener & Diener architects office operates can imagine the design process as a prolonged, constantly restarting, exploratory discussion on the part of all those involved. Problems are time and again re-examined; general formulations are slowly developed, rejected, and re-considered. Each of those involved brings to this his specific knowledge and skills. Here it is not a matter of whether or when an artist is called in. This is ultimately a joint work, a "21th century craftsmen's guild".

(1) Paul Scheerbart: Glasarchitektur, Berlin 2000, p. 13.
(2) Angelika Thiekötter et al.: Kristallisationen, Splitterungen, Basel/Berlin/Boston 1993, p. 46.

Lageplan / Site plan

Massstab / Scale 1:2500

1 Forum 3
2 Forum
3 Voltamatte
4 Voltaplatz
5 Haupteingang / Main entrance
6 Nordeingang / Northern entrance

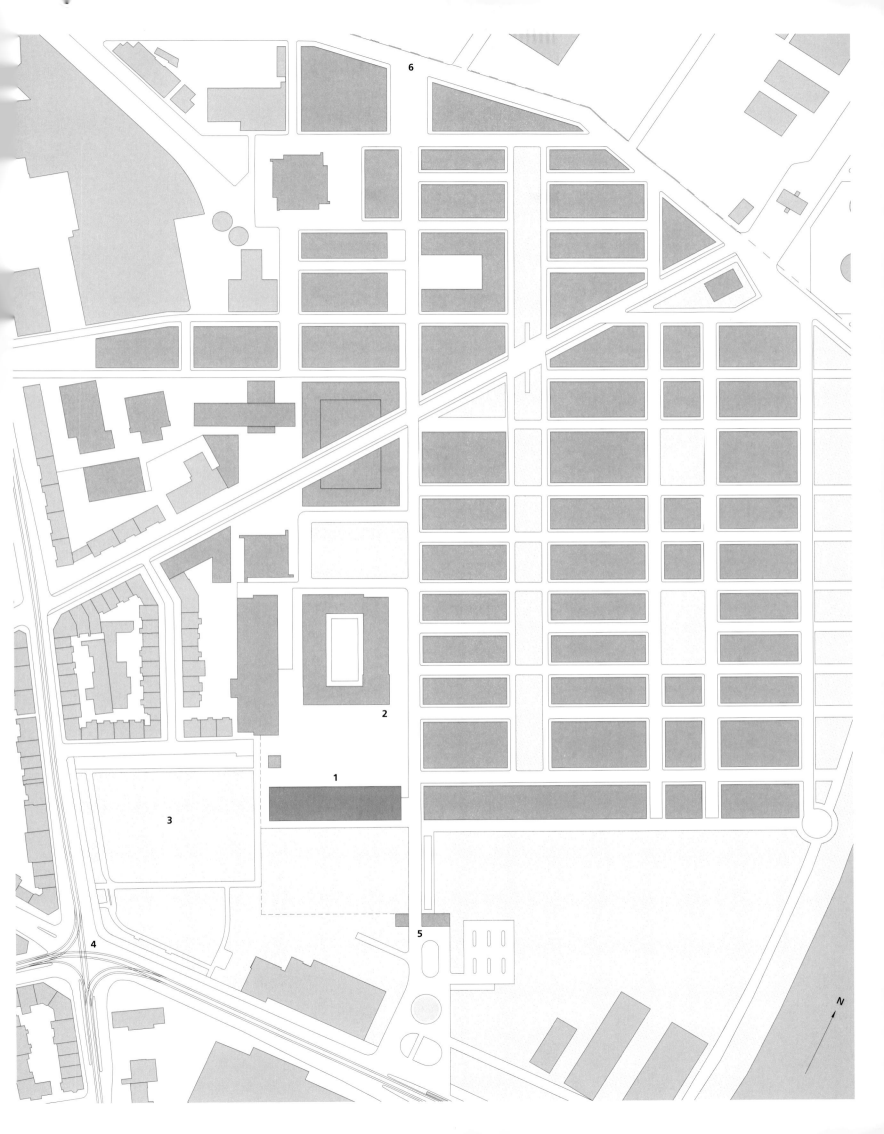

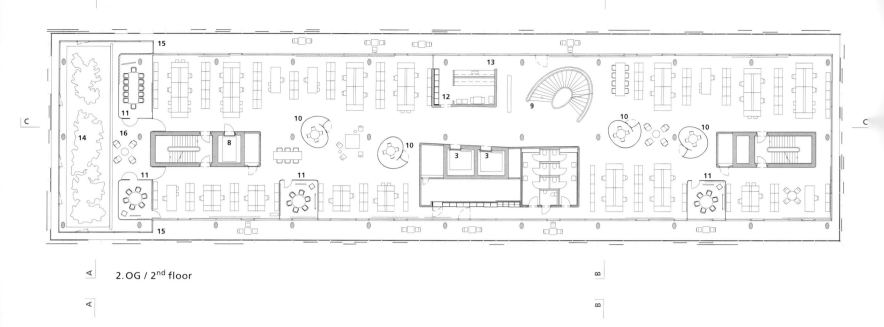

2. OG / 2nd floor

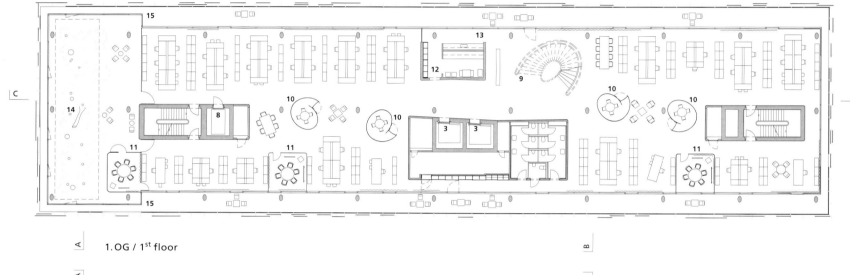

1. OG / 1st floor

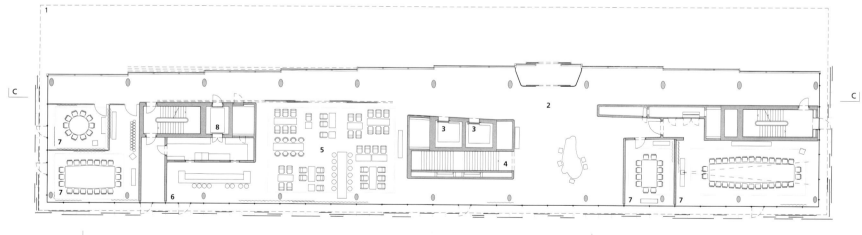

EG / Ground floor

Massstab / Scale 1 : 400

1 Überdachter Aussenraum / Roofed exterior space
2 Foyer
3 Aufzug / Lift
4 Verbindung Untergeschoss / Access basement
5 Lounge
6 Bar
7 Sitzungszimmer / Meeting room
8 Warenaufzug / Freight elevator
9 Holztreppe / Wooden stairs
10 Rückzugsbereich (Private Room) / Retreat area
11 Besprechungsraum / Meeting room
12 Kopierbereich / Copying area
13 Erfrischungsbereich / Refreshment area
14 Pflanzenraum / Plant room
15 Loggia
16 Empore Pflanzenraum / Gallery
17 Videokonferenzraum / Video-conference room

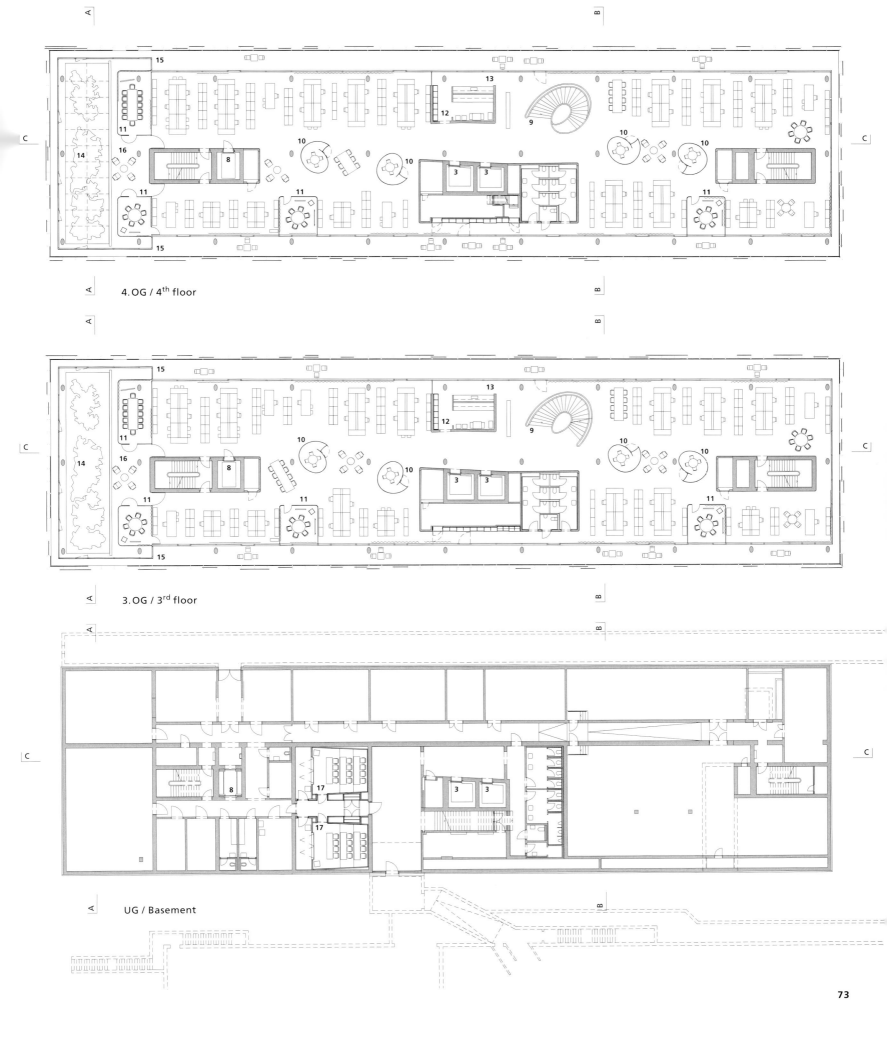

4. OG / 4th floor

3. OG / 3rd floor

UG / Basement

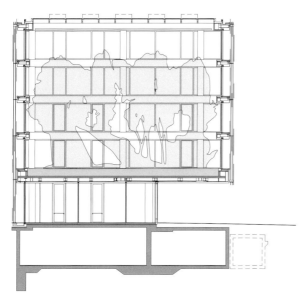

Schnitt A / Cross-section A

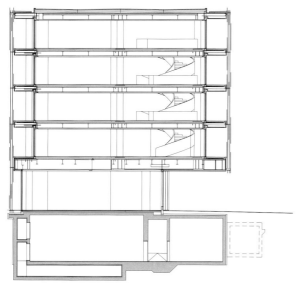

Schnitt B / Cross-section B

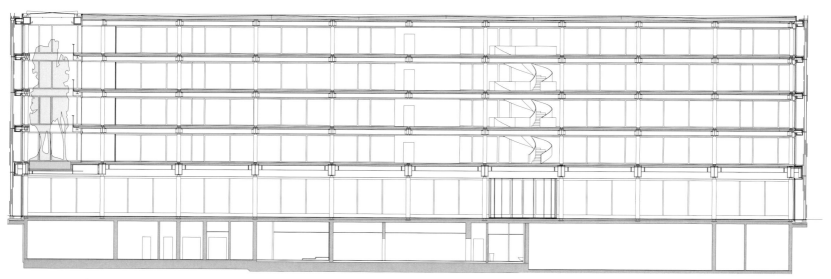

Schnitt C / Cross-section C

Schnitte / Cross-sections

Massstab / Scale 1:400

Schnitt A liegt in Querrichtung des Gebäudes beim Pflanzenraum, Schnitt B in Querrichtung beim Foyer und den Arbeitsbereichen in der östlichen Gebäudehälfte, Schnitt C in Längsrichtung in der nördlichen Gebäudehälfte / Cross-section A lies in transverse direction of the building near the plant area, cross-section B in transverse direction near the entrance hall and the work areas in the eastern part of the building, and cross-section C lies in longitudinal direction in the northern part of the building

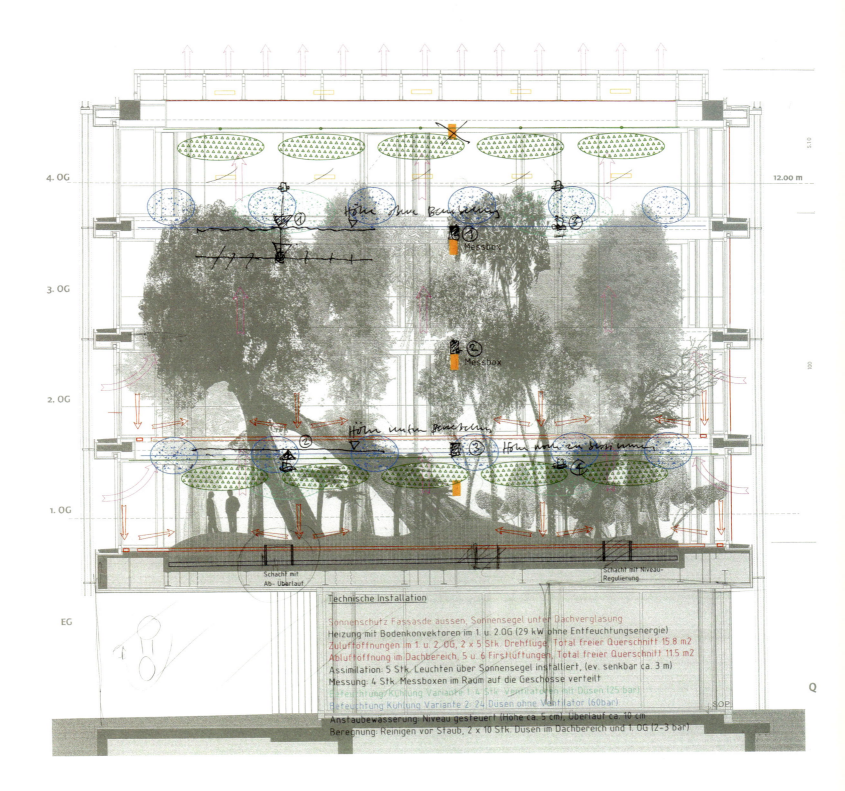

Pflanzenraum / Plant room

Illustration: Vogt Landschaftsarchitekten, Gysi Gebr.
Vogt Landscape Architects, Gysi Gebr.

Norden / North

Westen / West

Süden / South

Osten / East

Gläser / Panes of glass

Massstab / Scale 1:400

Die Gläser der drei Ebenen sind übereinander gezeichnet und schwarz angelegt / Panes of the three levels are marked in black

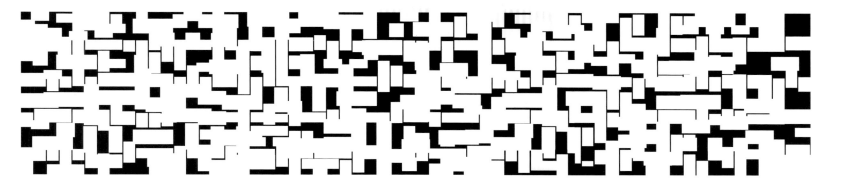

Norden / North

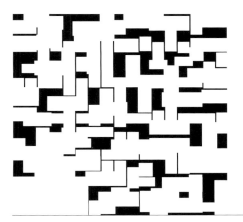

Westen / West

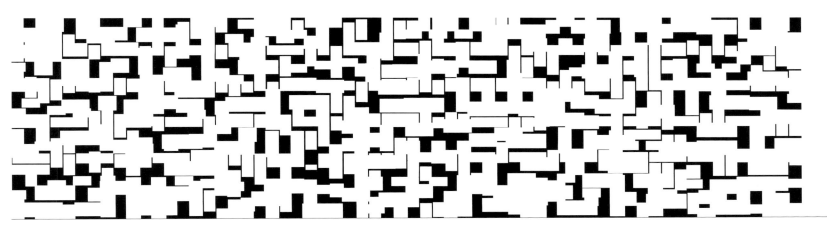

Süden / South

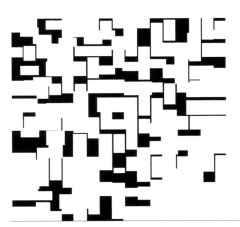

Osten / East

Leerräume / Free spaces

Massstab / Scale 1:400

Die drei Ebenen sind übereinander gezeichnet, die Freiräume zwischen den Gläsern schwarz angelegt / The three levels are marked in white, free spaces are black

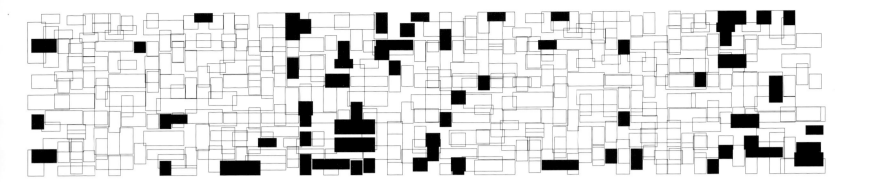

Norden / North

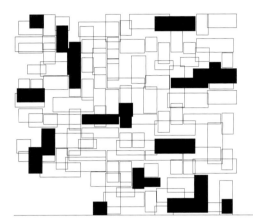

Westen / West

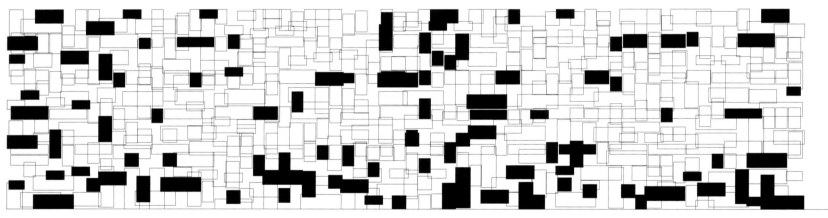

Süden / South

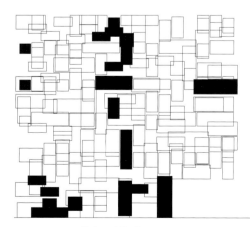

Osten / East

Intensiv farbige Gläser / Intensive coloured glass

Massstab / Scale 1:400

Die drei Ebenen sind übereinander gezeichnet: Pastellfarbige Gläser sind umrandet, intensiv farbige sind schwarz angelegt / The three glass-levels: Bright hues are marked in contours, intensive are black

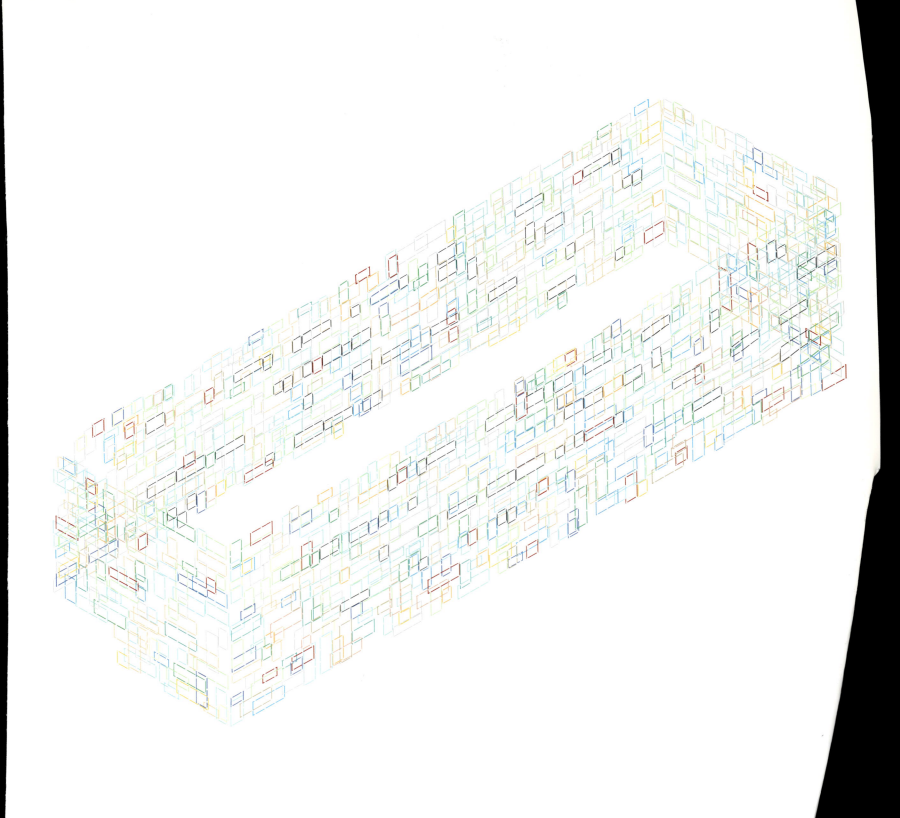

Isometrie / Isometry

Stand / State: September 2002

Westen, Ebene 3 / West, level 3

Westen, Ebene 2 / West, level 2

Westen, Ebene 1 / West, level 1

79

Massstab / Scale 1:400

Die Seiten 80 bis 83 zeigen die Grundlage für die Ausführungspläne der Fassade; die Gläser sind umrandet / Pages 80 to 83 show the basic principle for the realisation of the façade; glass-areas are marked as contours

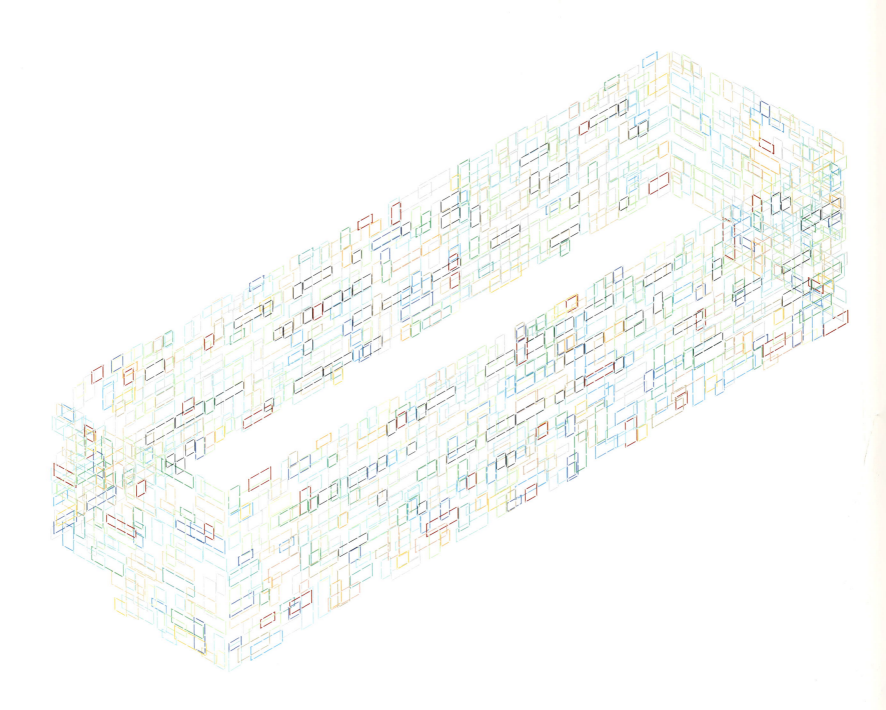

Isometrie / Isometry

Stand / State: September 2002

Westen, Ebene 3 / West, level 3

Westen, Ebene 2 / West, level 2

Westen, Ebene 1 / West, level 1

Massstab / Scale 1:400

Die Seiten 80 bis 83 zeigen die Grundlage für die Ausführungspläne der Fassade; die Gläser sind umrandet / Pages 80 to 83 show the basic principle for the realisation of the façade; glass-areas are marked as contours

Norden, Ebene 3 / North, level 3

Norden, Ebene 2 / North, level 2

Norden, Ebene 1 / North, level 1

Osten, Ebene 3 / East, level 3

Osten, Ebene 2 / East, level 2

Osten, Ebene 1 / East, level 1

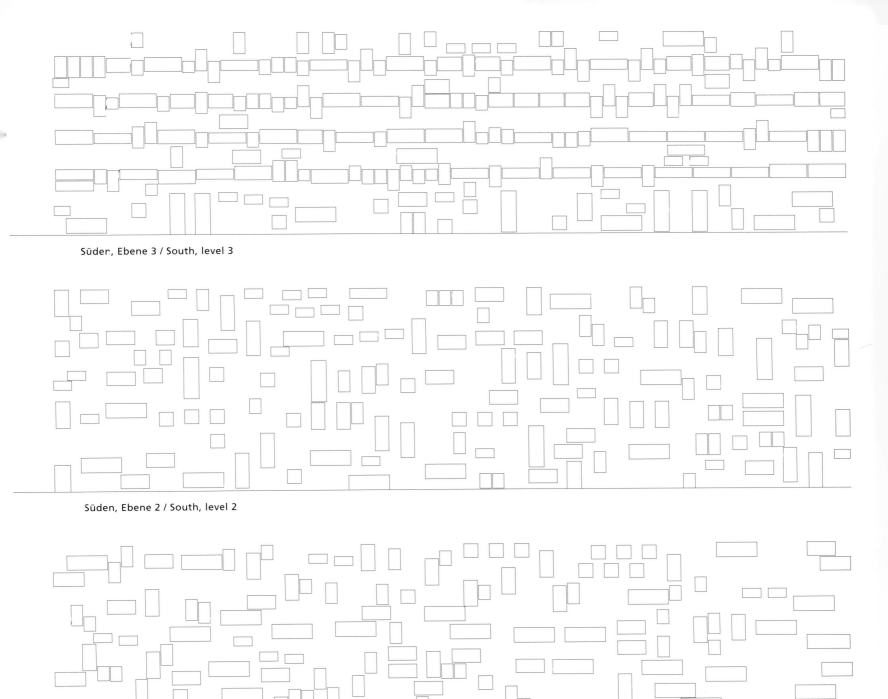

Süder, Ebene 3 / South, level 3

Süden, Ebene 2 / South, level 2

Süden, Ebene 1 / South, level 1

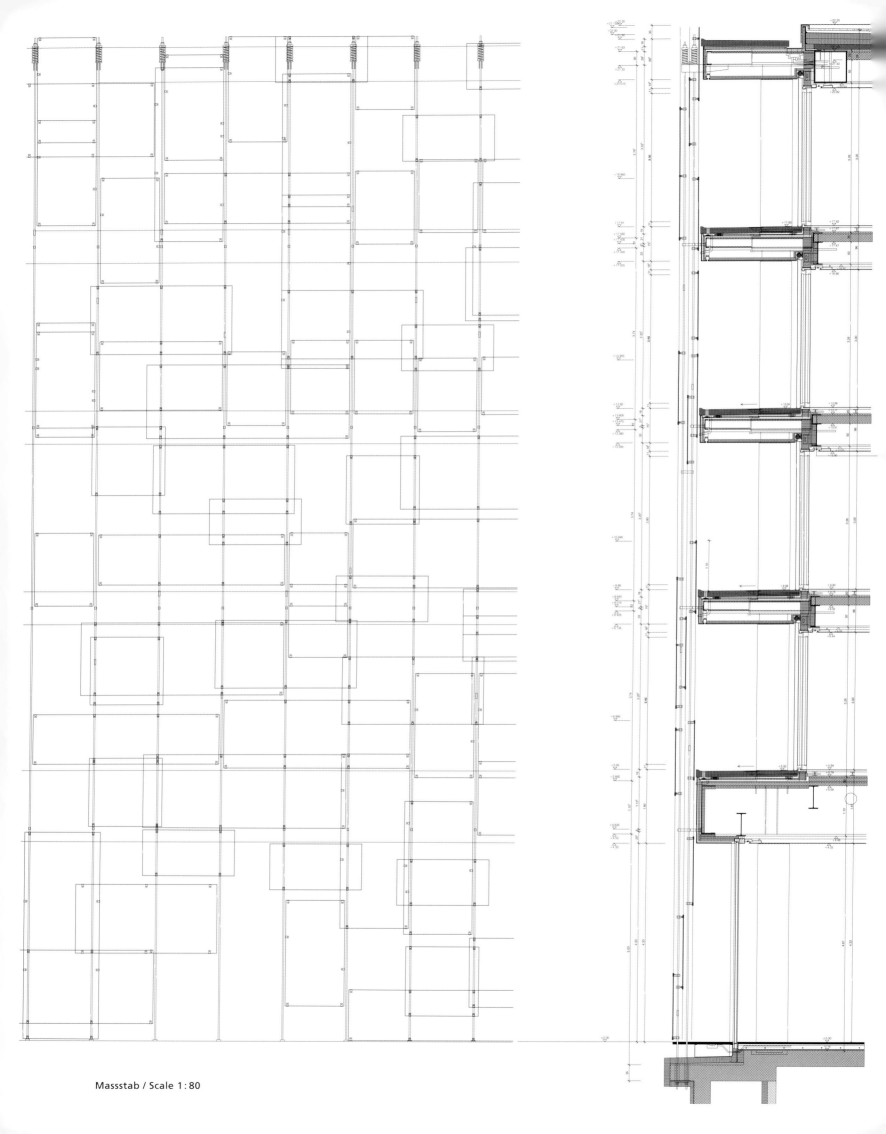

Massstab / Scale 1:80

Linke Seite / Left page
Ansicht Aussenfassade / Outer façade
Schnitt durch die Fassade / Cross-section of façade

Rechte Seite / Right page
Ansicht Innenfassade / Inner façade

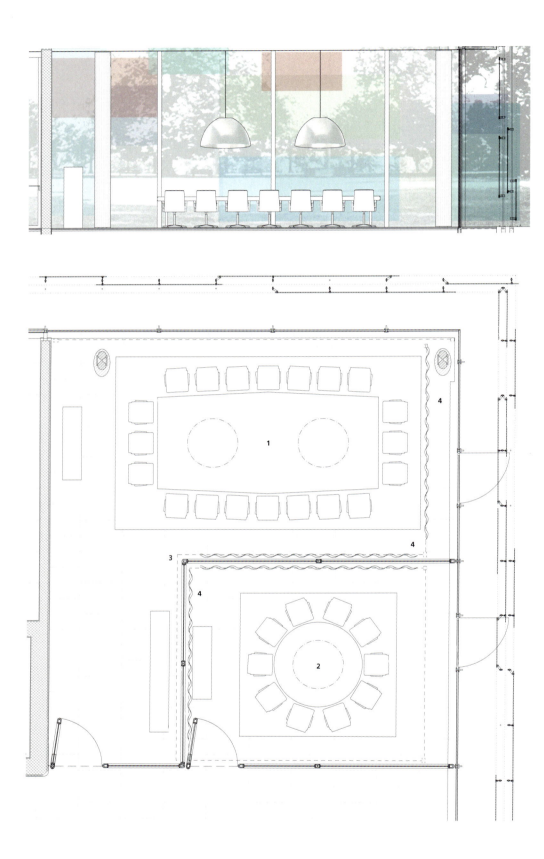

86 Sitzungszimmer Erdgeschoss, Südwesten / Meeting rooms on the ground floor, south-western side

Massstab / Scale 1:80

1 Sitzungszimmer 20 Personen / Meeting room 20 people
2 Sitzungszimmer 10 Personen / Meeting room 10 people
3 Zwischenwände aus Glas mit lederbezogenen Profilen / Separating walls made of glass with leather-covered profiles
4 Vorhänge aus Leinen (innen) und Rosshaar (aussen) / Curtains made of linen (interior) and horsehair (façade)

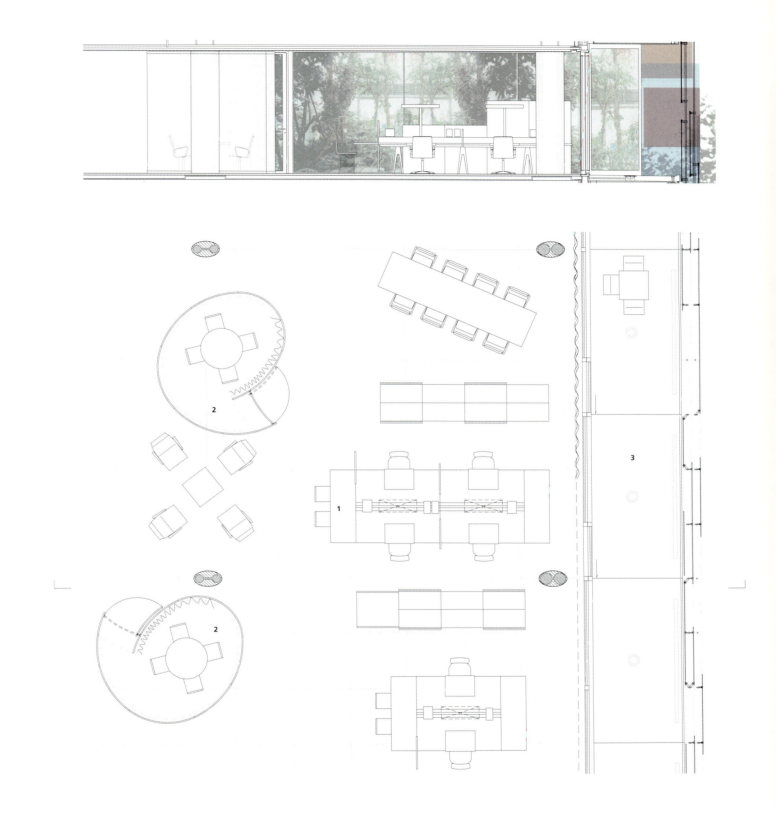

Multi Space Office Area, Obergeschoss
Multi-space office area, upper floor

Massstab / Scale 1:80

1 ‹Joyn› Desk System / "Joyn" Desk System
2 Rückzugsbereich (Private Room)
  Retreat area
3 Loggia

Holztreppe / Wooden stairs

Massstab / Scale 1:80

Schnitt / Cross-section

1.–4. OG / 1st to 4th floor

Grundrisse / Plans

4. OG / 4th floor
2. und 3. OG / 2nd and 3rd floor
1. OG / 1st floor

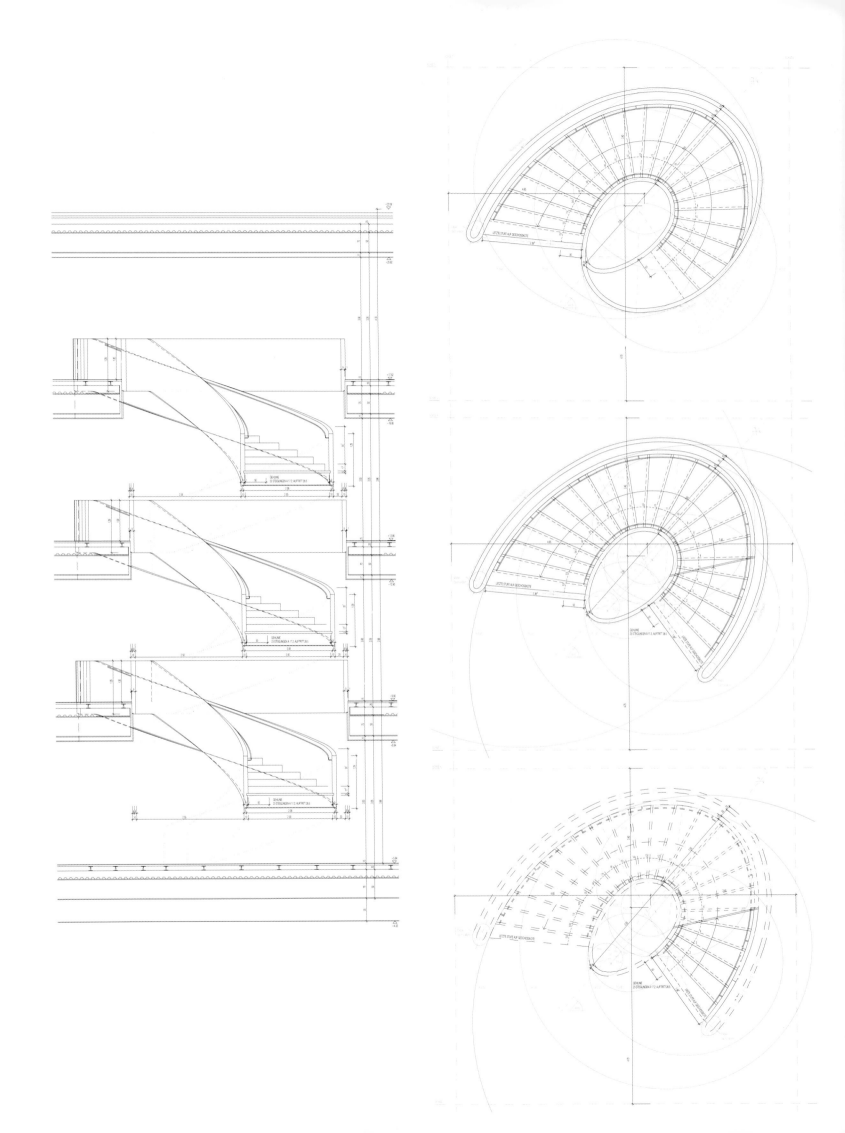

Isabel Halene, Michael Roth
INVENTAR

ADRESSE
Forum 3, Novartis Pharma AG, CH-4002 Basel

AKUSTIK
Akustisch wirksamer Spritzputz auf Metalldeckenoberfläche. Teppichboden. Bürogeschosse zur Schrittakustik. Die weichen Gipsputzoberflächen und Kanten bewirken zusätzlich eine angenehme Schallempfindung. Schall in Sitzungszimmern und allgemeinen Zonen im Erdgeschoss durch Teppiche aus Sisal gedämpft

ARBEITSBEREICHE
Auf jedem Geschoss individuelle Arbeitstische. Einrichtung für alle **Nutzer** des Gebäudes nach gleichem System, so genanntes ‹**Joyn**› **Desk System** (aus ‹joy› und ‹join›). Offene Anordnung, Zuteilung ohne erkennbare Hierarchien, flexibel. Rückzugsbereiche, schneckenförmige Räume, so genannte Private Rooms, mit Wänden aus Glas und **lederbezogenen Profilen**, Sichtschutzvorhängen Besprechungsräume, so genannte Meeting Rooms, für 6 bis 12 Personen, mit Wänden aus Glas, Sichtschutz- und Verdunkelungsvorhängen

ARBEITSGEMEINSCHAFT
Die Autoren des Wettbewerbs realisierten das Gebäude gemeinsam: Diener & Diener Architekten, Helmut Federle, Gerold Wiederin

AUFZÜGE
Zwei Personenaufzüge, Dimension: L: 2,20 m, B: 2 m, H: 2,50 m, Traglast: 2500 kg. Ausstattung: Aluminium permalux anodisiert, ausgerundete Ecken, Naturstein Chios Brown (griechischer Kalkstein)
Warenaufzug, Dimension: L: 2,50 m, B: 1,30 m, H: 2,50 m, Traglast: 1600 kg. Ausstattung: Wand- und Deckenbelag: Edelstahl gebürstet; Boden: Naturstein Chios Brown

BAUKÖRPER
L: 83,50 m, B: 22,50 m, H: 22 m
Geschosse: **Erdgeschoss**, vier **Obergeschosse**, ein **Untergeschoss**
Gliederung: 6 m hohes Erdgeschoss, vier 4 m hohe Obergeschosse. Im Westen mehrgeschossiger **Pflanzenraum**. Auf der Nordseite kragt das Gebäude 8 m vor. Es bildet eine Empfangszone zum **Forum**, Aussen und Innen sind fliessend miteinander verbunden

BAUZEIT
Baubeginn 2003 bis Bezug 2005

BEHINDERTENGERECHTE PLANUNG
Das gesamte Gebäude ist mit dem Rollstuhl befahrbar

BELEUCHTUNG
Das allgemeine Licht wird automatisch gesteuert
Downlights bilden an der Decke Gang- und Notbeleuchtung
Arbeitsplätze: individuell steuerbare Grundbeleuchtung, task lighting
Decken werden indirekt beleuchtet, durch integrierte Leuchten in Schränken und Arbeitstischen

BRANDSCHUTZ
Die vier Obergeschosse sind ein Brandabschnitt. Ermöglicht durch Kombination Brandmelder, Sprinkler und Rauchschürzen

CAMPUS (NOVARTIS CAMPUS)
Werkareal St. Johann in Basel, beherbergt den Hauptsitz von Novartis. Seine zahlreichen Bürogebäude sowie Forschungs- und Produktionsstätten sollen in einen Campus des Wissens, der Innovation und Begegnung umgewandelt werden, auf dem die Konzernfunktionen Forschung, Entwicklung, Marketing und Verwaltung konzentriert werden. Seit 2002 räumliche Umgestaltung nach einem **Masterplan**

ENERGIE
An das **Planungsteam** wurden Zielvorgaben im Bereich Energie und Nachhaltigkeit gestellt. Die Zielwerte Energie wurden in einem Projekt-Challenging geprüft und erfüllen die Vorgaben für Niedrigenergiehäuser (Beispiel Minergie-Standard). Die Projektbegleitung und weitere organisatorische Massnahmen (Qualitätssicherung, Ausbildung Gebäudeverantwortliche, Zielvereinbarung mit Betreiberfirma, Verbrauchskontrollen) sollen helfen, dass der tiefe Energie- und Wasserverbrauch auch über Jahre sichergestellt werden kann. Im Moment laufen Abklärungen, um 50 Prozent des effektiven Energieverbrauchs aus erneuerbaren Energiequellen (via Label) zu beziehen

ERDGESCHOSS
Gesamtfläche brutto: 1193 m²
Offener Bereich aus **Foyer, Lounge**, Bar. Im Westen und Osten je zwei verschieden grosse Sitzungszimmer
Struktur: drei wandumschlossene Kerne. Darin vertikale Erschliessungselemente: Aufzüge, Treppenhäuser und Installationsschächte. Zwei Stützenreihen. Raumhöhe im Licht 4,30 m
Bodenbelag: Naturstein Chios Brown am Ort fein geschliffen, Pressfugen
Wandbelag: Encausto Marmorino (Kalkputz mit Marmorsand, Pigmenten, gewachst), hellgrau
Deckenbelag: Metallkühldecke mit weissem offenporigem Spritzputz, fugenlose Optik

ERFRISCHUNGSBEREICH, KOPIERBEREICH
Gegenüber den Aufzügen und in der Nähe der Holztreppe befindet sich ein von massiven Wänden umschlossener Bereich mit dem Depot für Erfrischungsgetränke. Vorgelagert der Material-, Kopier- und Faxgerätebereich

FARBGLÄSER
Auswahl aus bestehenden Glasproduktionen, Farben, Dicken und Grössen
Verbundsicherheitsgläser. Herkunft aus verschiedenen Serien. 6 helle Glasfarben aus Parsolglas. 9 intensive Glasfarben aus Schottglas. Farbglas auf weiss (Trägerglas) aufgesetzt, weiss auf weiss oder farbig auf farbig

FASSADENBELEUCHTUNG
Nachts durch in den Boden der Loggien eingelassene Punktstrahler

FASSADENREINIGUNG
Erdgeschoss: über Platz, Obergeschosse: aussen über Hebebühne, innen über Loggien

FASSADENTRAGWERK
Material: Werkstoffnummern 1.4462, 1.4401 und 1.4571, fein geschliffener, elektropolierter Chromstahl, patiniert
Mit einer Kraft von 40 Kilonewton vorgespannte, 27 mm dicke Stangen in ungefährer Länge einer Geschosshöhe mit Zugstangen-Verbindern zu gebäudehohen Zugstangen verschraubt. Rastermass 1,35 m. Abstandshalter zwischen den Stangenpaaren. Windsteife Verankerung mittels Konsolen und Flanschen an den Deckenstirnen. Federn zum Ausgleich von thermisch bedingten Längenänderungen. Schellenartige Glashalter und Klebezusatz zur Verbindung zwischen Stangen und Glasscheiben. Die unteren Glashalter übernehmen sowohl die Glas-Eigenlasten als auch Windlasten

FORUM
Neuer Platz auf dem **Novartis Campus** zwischen dem Novartis Hauptsitz und dem Forum 3
Platzbelag: weisser Granit, White Moncini
(Abbildung aus dem Wettbewerb 2002)

FOYER
Lage im **Erdgeschoss** unmittelbar gegenüber **Haupteingang**
Möblierung: Minguren II table 390 cm/175 cm/74 cm. Tischblatt: Claro walnut (Herkunft Sacramento Valley – North Central California. Der Baum war bei seiner Fällung 1990 ca. 200 Jahre alt) und 5 greenrock ottomans: black walnut, 45 cm/45 cm/28 cm, Design und Fertigung: Nakashima Woodworkers, New Hope, PS, USA (Gründung George Nakashima [1905–1990], Japan)
Gemälde: 4,4 The Distance (Deviaciones de), Format 330 cm x 495 cm, Helmut Federle, 2002
Rezeption: Informations-Touch Panel und Telefon auf Sideboard

GLASANORDNUNG

Die Anordnung ist unregelmässig und folgt den verschiedenen Glasgrössen
Komposition aus drei Glasebenen, 20 Farben, 25 Formate. Leerräume. Überlappen der Gläser auf drei Ebenen. Abstimmung **Farbgläser** nach Farbintensitäten und Raumprogramm. Brüstungsbereich z. T. aus weissen Transparentgläsern

GLASFASSADEN

Das Gebäude besitzt zwei Glasfassaden: eine geschlossene Fensterzone innen, eine offene aussen. Die beiden Fassaden werden durch eine **Loggia** getrennt. Innen: thermisch getrennte Fassadenkonstruktion aus Aluminiumprofilen, permalux anodisiert aus Schiebeflügeln und feststehenden Flügeln. Textile Vorhänge aus Trevira CS. Aussen: luftdurchlässige Konstruktion aus rahmenlosen Farbgläsern an Zugstangen. Positionen in drei Ebenen mit jeweils 20 cm Abstand. Durchgängige Hülle mit Ausnahme beim **Haupteingang**, Erdgeschoss, Nordseite. Ausführung und Montage, Schmidlin, Schweiz

HAUPTEINGANG

Zutritt ins Gebäude über **Forum** und überdachten Aussenraum auf der Baukörpernordseite, durch einen gläsernen Windfang. Führt direkt ins **Foyer**. Im Sommer Eingang auch durch raumhohe Schiebetüren im Bereich der **Lounge**. 24 m breite Öffnung aus drei seitlich verschiebbaren Fensterfeldern. Automatische Schiebetüranlage. Dimension Einzeltür: L: 8,10 m, H: 4,30 m

HOLZTREPPE

Verbindungselement der oberen Geschosse. Form einer ausschweifenden Spirale, Lauf 2 m breit, aus amerikanischem Nussbaumfurnier. Detail: beidseitig montierter Handlauf aus lederbezogenem Stahlvollrohr, massive Holzbrüstungen. Lage gegenüber Erfrischungsbereich, Kopierbereich, Aufzügen

‹JOYN› DESK SYSTEM

Pultsystem der Designer Ronan and Erwan Bouroullec. Minimierte physische Barrieren zwischen Arbeitsplätzen. Flexible Ausstattung mit Mitteln zum individuellen und Teamarbeiten, Besprechen. Überarbeitete eigene Fassung in Zusammenarbeit mit Vitra. Tischblatt: Amerikanischer Nussbaum. Tischfuss: Aluminium poliert. Lampen: Edelstahl verchromt

KLIMATISIERUNG

Die Lufttemperatur wird über ein Decken-Kühlsystem auf 20 bis 26 °C konstant gehalten. Heizung: Das Gebäude ist an das Fernwärmenetz angeschlossen. Es verfügt über Bodenheizung und Lüftung entlang der Fassade Steuerung: Temperaturfühlsystem

LEDERBEZOGENE PROFILE

Um eine Wirkung von Weichheit zu erreichen, sind innere Architekturelemente wie die Handläufe, die Glaswände der Sitzungszimmer und der Lounge mit Metallprofilen ausgestattet und mit Kunstleder versehen

LEITUNGSTEAM

Während der Ausführung bestand ein Leitungsteam aus: Daniel Vasella, Jörg Reinhardt, Martin Kieser und Beat Brunold von Seiten der Novartis; Roger Diener und Michael Roth von Seiten der Arbeitsgemeinschaft

LOGGIA

Aussen umlaufen die Innenräume 2 m tiefe, langgezogene Balkone. Sie werden zur Entspannung und als Arbeitsbereiche genutzt. Optisch Bestandteil des in die Tiefe gegliederten Fassadensystems. Sie dienen als baulicher **Sonnenschutz**, zum Ablenken steil einfallender Sonnenstrahlung
Boden: Beton
Decken: verputzt

LOUNGE

Lage im Erdgeschoss. Deckenbündig eingebaute runde Leuchten mit sichtbaren Leuchtmitteln und Edelstahlgehäuse. Entwurf: Atelier Pichelmann, Wien
Möblierung: 9,20 m x 13,50 m grosser Teppich aus Sisal. Sessel 637, Utrecht. Polsterung, Überzug braunes Leder, Steppnaht. Entwurf: Gerriet T. Rietfeld (1935), Produzent Cassina S.p.A. Glastische eigene Fassung in Zusammenarbeit mit Poliform. Zwei Esstische aus hochglanzlackiertem amerikanischem Nussbaum
Vorhänge: Leinen zum Innenraum, Rosshaar zur Fassade. Verglaste Schiebeelemente zur Gliederung des offenen Raums. Schiebetüren zur Erweiterung zum Aussenraum Forum
Offene Raumbeziehung zur Bar

MASTERPLAN

Konzept und städtebauliche Leitung: Studio di Architettura, Vittorio Magnago Lampugnani, Mailand. Der Masterplan beschreibt einen städtisch wirkenden Ort. Er ordnet die Baukörper in eine regelmässige Struktur aus Baukörpern und Strassen. Die Interpretation der Häuser überlässt der Plan den Architekten der Häuser. Der Masterplan bestimmt die Dimension des **Baukörpers** und seine **Adresse**

MIKROARCHITEKTUR

Elemente im Übergang von Raum, Design und Gebrauchsgegenständen. Mikroarchitektur-Elemente sind Paneele und Schreibtischauflagen, um Bereiche spontan zu definieren. Da es keine festen Abgrenzungen gibt, können die Arbeitsbereiche mit ihrer Hilfe je nach Bedarf verändert werden

MULTI SPACE OFFICE AREAS und LOGGIEN

Offenheit und Geschlossenheit bestimmen den Raum, entstanden als Analogie zur Stadt (Gegensatz: Bürolandschaft)
Bodenbelag: Doppelboden, Teppichbodenplatten aus eingefärbter Wolle, hellgrau
Wandbelag: Glattputz, geschliffen und gestrichen
Deckenbelag: Metallkühldecke mit weissem offenporigem Spritzputz, fugenlose Optik
Novartis hat zusammen mit Experten und auf der Grundlage von Benutzerumfragen, Studien und Erfahrungen ein Arbeitsplatzkonzept entwickelt, das vielschichtigen Bedürfnissen gerecht wird und schrittweise auf dem Campus umgesetzt werden soll. ‹Multi Space› heisst, dass den Mitarbeitenden eine Vielzahl von individuellen, gemeinsamen, offenen und geschlossenen Arbeitsbereichen zur Verfügung stehen. So entsteht eine vielfältige Bürolandschaft für flexibles Arbeiten

NUTZER

Mitarbeitende der Pharmabereiche Entwicklung und Produktion. 200 Arbeitsplätze

OBERGESCHOSSE

1.– 4. Obergeschoss mit je 1555 m². Verbindung durch viergeschossige **Holztreppe**. Arbeitsplätze, **Treppen** und **Aufzüge, Erfrischungsbereiche, Sitzungszimmer** und **Pflanzenraum**. Der abwechslungsreich gestaltete Arbeitsplatz ist gegliedert in Innenraum und Aussenraum

PFLANZEN

Gepflanzt wurden insgesamt 1400 Pflanzen. Wie am natürlichen Standort eingeteilt in verschiedene Stockwerke: eine Boden-, Strauch- und eine Baumschicht. Ergänzend kommen die Kletterpflanzen und die aufsitzenden Epiphyten und Orchideen dazu. Im Raum befinden sich 11 Grossbäume, einzelne bis zu 12 m hoch und 13 t schwer, sowie 13 Orchideenarten, insgesamt 130 Stück. Die Grossbäume wurden im August 2004 in Schiffscontainern aus Bangkok nach Holland transportiert und im März 2005 in klimatisierten Lastwagen nach Basel gefahren

PFLANZENRAUM

Ventilierter, für Pflanzen bestimmter viergeschossiger Raum mit Unterhaltsbühne. Lage am westlichen Ende des Baukörpers. Emporen auf den oberen drei Geschossen ermöglichen den Blick auf die Bäume und die übrigen Pflanzen aus verschiedenen Höhen
Bepflanzung: Grosspflanzen aus thailändischen Baumschulen, Nutz- und Zierpflanzen
Klima des Raumes: Anstaubewässerung, Tropfbewässerung, Befeuchtung durch Nebel (im Kronenbereich), Assimilationsbeleuchtung, Wasseraufbereitungsanlage (Hyperfiltration), ph-Wert-Regulierung, Enthärtung, Beschattung

PLANUNGSTEAM

Generalplanung Architektur: Diener & Diener Architekten in Zusammenarbeit mit Helmut Federle und Gerold Wiederin
Innenarchitektur, Möblierung, Consulting: Sevil Peach Gence Associates
Landschaftsarchitektur: Vogt Landschaftsarchitekten
Kunstlichtplanung: Licht Kunst Licht
Fassadenplanung: Emmer Pfenninger Partner
Tragwerksplanung: Ernst Basler+Partner
Gesamtplanerkoordination: Brunnschweiler Heer
Termin- und Kostenplanung, Bauleitung, Ausschreibung: Büro für Bauökonomie
Elektroplanung, Fachkoordination: Sytek
Planung Heizung, Lüftung, Klima, Sanitär, Gebäudeautomation: Aicher, De Martin, Zweng
Tageslichtplanung: Institut für Tageslichttechnik
Brandschutzplanung: Prof. Mario Fontana
Bauphysik, Akustik: Ehrsam & Partner
Gastronomieplanung: Planbar
Gewächshausplanung: Gysi Gebr.
Grafik: Mifflin-Schmid

RÜCKSPRUNG

8 m tiefer überdachter Aussenraum, H: 4,30 m, stützenfrei auf der Nordseite des Gebäudes, wo Baukörper zurückspringt. Bodenbelag **Forum** verläuft darunter bis zu den Schiebetüren und dem Windfang, die Innenraum vom unklimatisierten Raum trennen und den **Haupteingang** bilden

SITZUNGSZIMMER ERDGESCHOSS

Zwei Sitzungszimmer an der Südostseite. 30 und 12 Personen, Innen- und Zwischenwände massiv
Zwei Sitzungszimmer an der Südwestseite. 20 und 10 Personen, Innen- und Zwischenwände aus Glas und lederbezogenen Profilen
Möblierung: Tischblätter: Wenge, Tischfüsse: Edelstahl matt verchromt
Stühle: Aluminium Soft Pad. Entwurf: Eames, Leder dunkelbraun, Produzent: Vitra
Lampen: Pierre ou Paul aus grossen nach unten gerichteten Leuchtschalen. Entwurf: Ingo Maurer
Vorhänge: Verdunklung/Sichtschutz Innenwände Leinen, Fassade Rosshaar

SONNENSCHUTZ

Aussen textile Storenanlage im Westen, Süden und Osten, innen Stoffvorhänge, in deckenbündigen Vorhangschienen vor den Fenstern

TOILETTEN

Waschtische freistehend aus Corian (postforming)
Breite, raumhohe Spiegelfronten
Beleuchtung: Spots
Bodenbelag: Naturstein Chios Brown
Wandbelag: Seidenglanz lackierte Holzpaneele, grau (H) und mauve (D) gestrichen
Deckenbelag: Gipskarton, gestrichen

TRAGWERK

Verbundbauweise aller tragenden Elemente, Stützen, Wände, Geschossdecken, aus Stahl und aus Beton. Aussteifung durch drei Erschliessungskerne. Untergeschoss: Stahlbeton, Flachfundation. Obergeschosse: biegesteife Stahl-Stockwerksrahmen Verbundkonstruktion. Bedingt durch den nördlichen **Rücksprung** des Baukörpers zwei Reihen Stützen im Erdgeschoss, drei Reihen in den Obergeschossen. Achsabstand der Stützen 8,10 m

TREPPEN

Im Westen und Osten angeordnete Treppenhäuser führen durch alle Geschosse. Einläufige Treppe verbindet **Foyer** mit dem **Untergeschoss**
Brüstungen: massiv, Gipsputz gestrichen. Holzprofil gestrichen
Bodenbelag: Naturstein Chios Brown
Wandbelag: Gipsputz gestrichen
Decke: Gipsputz gestrichen
Holztreppe verbindet **Obergeschosse**

UNTERGESCHOSS

Gesamtfläche brutto 1800 m². Zugang Tiefgarage, Videokonferenzräume, Toiletten, Verbindung mit dem Erdgeschoss über einläufige Treppe und Aufzüge
Zwei Drittel der Fläche sind Gebäudetechnikzentralen und Lagerräume

VIDEOKONFERENZRÄUME

Zwei Räume ausgestattet für Videoübertragung. Lage im Untergeschoss. Je 12 Sitzplätze, gemeinsame Lobby

WETTBEWERB

Auslobung Studienauftrag 2002 für das erste Verwaltungsgebäude auf dem **Campus** durch Novartis Pharma AG Basel.
Teilnehmende Architekten: Bearth & Deplazes, Chur; Diener & Diener Architekten, Basel; Hans Kollhoff, Berlin; Dominique Perrault, Paris; Kazuyos Sejima & Ryue Nishizawa/SANAA, Tokio
(Abbildung aus dem Wettbewerb 2002)

Isabel Halene, Michael Roth
INVENTORY

ACCESSIBLE TO THE HANDICAPPED
The entire building is accessible to wheel-chairs

ACOUSTICS
Acoustically effective sprayed rendering on a metal ceiling. Fitted carpeting on office floors to dampen the sound of steps. Soft plastered surfaces and edges additionally create a pleasant sound perception. Sound-absorbing sisal carpets in meeting rooms and public zones on the ground floor

ADDRESS
Forum 3, Novartis Pharma AG, CH-4002 Basel

AIR-CONDITIONING
The air temperature is held at a constant 20–26 °C by a cooling system integrated into the ceiling. Heating: the building is connected to a district-heating system
Floor heating and ventilation along the façade
Control: temperature sensors

BASEMENT
Gross total surface 1800 m². Access to underground car park, video-conference rooms, toilets; access to the ground floor by way of a single-flight stair and lifts
Two thirds of the surface designated for domestic-engineering services and storage spaces

BUILDING
L: 83.50 m, w: 22.50 m, h: 22 m
Floors: **ground floor**, four **upper floors**, one **basement**
Plan: 6 m high ground floor, four 4 m high upper floors.
In the west, the multi-storey **plant room**. On the north side, the building projects 8 m and forms a reception zone for the **Forum**; interior and exterior are linked and merge into each other

CAMPUS (NOVARTIS CAMPUS)
The St. Johann works site in Basel houses the headquarters of Novartis. Its many office buildings as well as research and production sites are to be remodeled into a Campus of Knowledge, Innovation, and Encounters focusing on the corporate divisions Research and Development, Marketing and Administration. The site redevelopment started in 2002 and is based on the Novartis Campus **master plan**

COLOURED GLASS
Selection from existing glass productions, hues, strengths, and sizes. Compound safety glass. Provenance from several different series. 6 bright hues of Parsol glass
9 intensive hues of Schott glass. Coloured glass on white (carrier glass), white on white, or coloured on coloured

COMPETITION
Public tender for the study commissioned in 2002 for the first administrative building on the **Campus** by Novartis Pharma AG Basel. Participating architects: Bearth & Deplazes, Chur; Diener & Diener Architekten, Basel; Hans Kollhoff, Berlin; Dominique Perrault, Paris; Kazuyos Sejima & Ryue Nishizawa/SANAA, Tokio (Illustration of the 2002 competition)

CONSTRUCTION
Beginning in 2003, moving into the premises in 2005

ENERGY
The **planning team** was given objectives to meet as to energy and sustainability. The respective target energy values were tested within the scope of a project challenging and meet the standards of low-energy houses (example: minergy standard). An accompaniment of the entire project and additional organizational measures (quality assurance, training of those in charge of the buildings, agreement on goals with the operating company, control of consumption) are to help assure a low energy and water consumption for years to come. Currently, efforts are made to obtain about 50 per cent of the actual energy from renewable energy sources (minergy label)

FAÇADE CLEANING
Ground floor: from the square; upper floors: exterior from a lifting platform, interior from the loggias

FAÇADE LIGHTING
At night by spot lights embedded in the floor of the loggias

FAÇADE-SUPPORTING FRAMEWORK
Material: material nos. 1.4462, 1.4401 and 1.4571, finely polished, electropolished chromium steel, patination 40 kilo newton tempered 27 mm strong rods in the approximate length of the height of a storey with tie-rod connections screwed into tie-rods as high as the entire building. Grid 1.35 m. Space-holders between pairs of rods. Wind-resistant anchoring with brackets and flanges on the ceiling faces. Springs to balance thermally caused changes of positions. Clamp-type glass holders and adhesive additive to connect rods and glass panes. The lower glass holders support glass as well as wind loads

FIRE SAFETY
The four upper floors form a fire lobby. This is enabled by a combination of fire detectors, sprinklers, and smoke and fire curtains

FORUM
New square on the **Novartis Campus** site located between Novartis Headquarters and Forum 3
Square laid with white granite, White Moncini

FOYER
Situated on the **ground floor**, immediately across from the **main entrance**
Furniture: Minguren II table 390 cm/175 cm/74 cm.
Tabletop: Claro walnut (provenance Sacramento Valley – North Central California, the tree was app. 200 years old when felled in 1990) and 5 greenrock ottomans: black walnut, 45 cm/45 cm/28 cm, design and fabrication: Nakashima Woodworkers, New Hope, PS, USA (established by George Nakashima [1905–1990], Japan)
Painting: 4.4 The Distance (Deviaciones de), format 330 cm x 495 cm, Helmut Federle, 2002
Reception: touch-panel info station and telephone on a sideboard

GLASS ARRANGEMENT
Irregular arrangement in accordance with the various glass sizes
Composition of three glass levels, 20 colours, 25 formats. Free spaces. Overlapping of the glass on three levels. Adjusting of **coloured glass** based on the intensity of the hues and the spatial programme. Breastwork partially made of white transparent glass panes

GLASS FAÇADES
The building has two glass façades. A closed window zone on the inside and an open one on the outside. The two façades are separated by a **loggia**. Inside: thermally separate façade construction made of aluminium profiles, permalux anodized, made of sliding and fixed sashes. Textile curtains made of Trevira CS. Outside: air-permeable construction made of frameless coloured glass panes fixed to tie rods. Positioned on three levels at 20 cm distance each. Continuous shell with the sole exception of the **main entrance**, ground floor, north side. Execution and mounting, Schmidlin, Switzerland

GROUND FLOOR
Gross total surface 1193 m²
Open area consisting of **foyer, lounge,** and bar. In the west and east, two meeting rooms of different sizes each Structure: three walled-in cores containing vertical elements of access: lifts and freight elevator, staircases, and installation shafts. Two rows of supports. Room height in the clear 4.30 m
Flooring: Chios Brown natural stone (Greek limestone) finely polished on site, pressed joints
Wall covering: Encausto Marmorino (lime plastering with marble sand, pigments, waxed), light grey
Ceiling covering: metal cooling ceiling with white, open-pore sprayed rendering, no visible joints

93

"JOYN" DESK SYSTEM
Desk system "Joyn" ("joy" and "join") by designers
Ronan and Erwan Bouroullec. Minimized physical barriers
between desks. Flexibly furnished to handle individual
as well as team work and meetings. Revised own version in
cooperation with Vitra. Tabletop: American walnut
Base: polished aluminium. Lamps: stainless steel,
chrome-plated

LEADING TEAM
Throughout the execution phase, the leading team
consisted of: Daniel Vasella, Jörg Reinhardt, Martin Kieser
and Beat Brunold (Novartis); Roger Diener, Michael Roth
(Diener & Diener Architekten)

LEATHER-COVERED PROFILES
To achieve an impression of softness, interior architectonic
elements such as handrails, the glass walls of the meeting
rooms and the lounge are equipped with metal profiles and
wrapped around with synthetic leather

LIFTS
Two lifts, dimensions: l: 2.20 m, w: 2 m, h: 2.50 m,
load capacity: 2500 kg. Fitments: anodized permalux
aluminium, rounded corners, Chios Brown natural stone
Freight elevator, dimensions: l: 2.50 m, w: 1.30 m,
h: 2.50 m, load capacity: 1600 kg. Fitments: Wall and
ceiling: brushed stainless steel; floor: Chios Brown
natural stone

LIGHTING
The general lighting is controlled automatically
Downlights placed on the ceiling assure corridor and
emergency lights
Workplaces have individually controllable basic and
task-specific lighting. Ceilings are indirectly lighted by
lamps integrated in cupboards and desks

LOAD-BEARING FRAME
Sandwich structure of all load-bearing elements, supports,
walls, floor ceilings, made of steel and concrete.
Stiffening thanks to three access cores. Basement: reinforced concrete, flat foundation. Upper floors: deflection-resistant steel and storey frames, sandwichconstruction
Due to the **setoff** of the building volume, two rows
of supports on the ground floor, three rows on the upper
floors. Centre distance of the supports 8.10 m

LOGGIA
On the exterior, the interior rooms are framed by 2 m deep,
long-drawn balconies. They are used for relaxation
and as work areas. Visually part of the façade system and
its deep-reaching structuring. They serve as a structural
sun blind, to deflect steeply angled sunrays
Floor: concrete
Ceilings: plastered

LOUNGE
On the ground floor. Lights embedded flush into the
ceilings with visible lamps and stainless-steel housing.
Design: Atelier Pichelmann, Vienna
Furnished with: 9.20 m x 13.50 m sisal carpet. Chair 637,
Utrecht. Upholstery, cover of brown leather, quilting
seam. Design: Gerriet T. Rietfeld (1935), manufacturer:
Cassina S.p.A. Glass tables, own version in co-operation
with Poliform.
Two dining-tables made of American walnut with
glossy veneer
Curtains: linen towards the interior space, horsehair
towards the façade
Glazed sliding elements to structure the open space
Sliding doors to expand the exterior Forum space
Open space towards the bar

MAIN ENTRANCE
Access to the building from the **Forum** and roofed over
outside space on the north side of the building volume
by way of a glass windscreen. Directly leads into the **foyer**.
In the summer, access is also possible through room-height
sliding doors in the **lounge** area. 24 m wide opening
consisting of three window panes that may be laterally
shifted. Automatic sliding-doors. Dimensions of individual
door: l: 8.10 m, h: 4.30 m

MASTER PLAN
Concept and urban-planning management: Studio di
Architettura, Vittorio Magnago Lampugnani, Milano.
The master plan describes the site as an ultimately urban
place. It combines the buildings into a structure made
of buildings and streets. The interpretation of the houses is,
however, left to the architects of the buildings. The master
plan determined the dimensions of the **building** and its
address

MEETING ROOMS ON THE GROUND FLOOR
Two meeting rooms on the south-eastern side for 30 and
12 people, solid internal and separating walls
Two meeting rooms on the south-western side for 20 and
10 people, internal and separating walls made of glass
with leather-covered profiles
Furniture: tabletops: wenge; bases: stainless steel, matte
chrome-plated
Chairs: aluminium soft pad. Design: Eames; leather darkbrown, made by Vitra
Lamps: Pierre ou Paul made of large lamp bowls. Design:
Ingo Maurer
Curtains: darkening/blinds, interior walls linen,
façade horsehair

MICROARCHITECTURE
Elements of transition between space, design, and
objects of daily use. Microarchitectural elements include
panels and desktop covers to spontaneously define
these areas. As there are no fixed boundaries, work areas
may bealtered with their help according to need

MULTI-SPACE OFFICE AREAS and **LOGGIAS**
Openness and enclosures determine the space that was
generated as an analogy to the town (opposite: office
landscape)
Floor covering: double floor, carpet tiles made of dyed
wool, light grey
Wall covering: smooth plastering, polished and painted
Ceiling covering: metal cooling ceiling with white,
open-pore sprayed rendering, no visible joints
In co-operation with experts and based on user polls, studies,
and own experience, Novartis has developed a workplace
concept meeting complex requirements and needs that is to
be realized, step by step, on the Campus site. "Multi-space"
means that employees are to have a large number of
individual, joint, open-plan, and closed work areas
at disposal. This generates a highly varied office landscape
suited to flexible approaches to work

PLANNING TEAM
General planners, architects: Diener & Diener Architekten
in collaboration with Helmut Federle and Gerold Wiederin
Interior design, furniture consultants: Sevil Peach Gence
Associates
Landscape architecture: Vogt Landscape Architects
Artificial lighting planners: Licht Kunst Licht
Façade planners: Emmer Pfenninger Partner
Construction engineers: Ernst Basler+Partner
Co-ordination of general planning: Brunnschweiler Heer
Time schedule and cost planners and supervisors: Büro
für Bauökonomie
Electrical planners, co-ordination of specialists: Sytek
Planners for heating, ventilation, air-conditioning,
sanitary installations, building automation: Aicher,
De Martin, Zweng
Daylight planners: Institut für Tageslichttechnik
Fire protection and safety planners: Prof. Mario Fontana
Building physics, acoustics: Ehrsam & Partner
Gastronomy planners: Planbar
Green-house specialists: Gysi Gebr.
Graphic artist: Mifflin-Schmid

PLANT ROOM
Ventilated four-storey space designated for plants with a maintenance space. Located at the western end of the building. Galleries on the upper three floors allow a view of the trees and other plants from various heights
Planting: large plants from Thai tree nurseries, agricultural and decorative plants
Room climate: overflow irrigation, drip irrigation, cloud irrigation (of the treetops), assimilation lighting, water-treatment plant (hyperfiltration), pH-value regulation, softening, shading

PLANTS
All in all, 1400 plants were planted, divided the same as in their natural habitat into different storeys, that is, ground, bush, and tree levels, and complemented by creepers, epiphytes, and orchids. The **plant room** houses 11 large trees, with individual ones up to 12 m high and weighing a full 13 tons, as well as 13 types of orchids, totaling 130. The large trees were shipped from Bangkok to the Netherlands in August 2004 and transported in air-conditioned vans to Basel in March 2005

REFRESHMENT AREA, COPYING AREA
Across from the lifts and close to the wooden stairs there is an area enclosed by solid walls used as a depot for soft drinks. Immediately in front, there is an area for office supplies, copiers, and fax machines

SETOFF
8 m deep, roofed exterior space, 4.30 m high, free of supports on the north side of the building where the building volume is set off. The floor covering of the **Forum** stretches underneath up to the sliding doors and the windscreen that separate the interior space from the non air-conditioned space and the **main entrance**

STAIRS
The staircases located in the west and east access all floors.
Single flights link the **foyer** to the **basement**
Breast: solid, gypsum plaster, painted. Wooden profile, painted
Floor covering: Chios Brown natural stone
Wall covering: gypsum plaster, painted
Ceiling: gypsum plaster, painted
Wooden stairs link the **upper floors**

SUN BLINDS
Exterior: textile blinds in the west, south, and east; interior: cloth curtains in curtain rails flush with the ceiling in front of the windows

TEAM
The authors of the competition jointly realized the building: Diener & Diener Architekten, Helmut Federle, Gerold Wiederin

TOILETS
Free-standing wash-stands made of Corian (postforming)
Width: Large room-high mirrors
Lighting: spot-lights
Floor covering: Chios Brown natural stone
Wall covering: wooden panels, egg-shell finish, painted grey (gentlemen), mauve (ladies)
Ceiling tiles: gypsum plaster board, painted

UPPER FLOORS
1st through 4th floor with 1555 m² each. Lined by four-storey **wooden stairs**. Workplaces, **stairs** and **lifts**, **refreshment areas**, **meeting rooms**, and **plant room**. This variedly designed working space is structured into an interior and an exterior space

USERS
Employees of the pharmaceutical divisions Development and Production. 200 workplaces

VIDEO-CONFERENCE ROOMS
Two rooms equipped for video transmissions, located in the basement. 12 seats each, common lobby

WOODEN STAIRS
Linking element of the upper floors. Shaped like a spreading helix, flight of stairs 2 m wide, made of American walnut veneer. Detail: handrail on both sides made of leather-covered solid steel bars, solid-wood balustrades. Located across from refreshment area, copying area, lifts

WORK AREAS
Individual desks on each floor. Furniture for all **users** of the building based on the same system, the so-called **"Joyn" Desk System**. Open-plan arrangement. Allocation without recognizable hierarchies, flexible. Retreat areas, helix-shaped rooms, so-called private rooms, with walls of glass, **leather-covered profiles**, and blinds. Meeting rooms for 6–12 people, with walls of glass, blinds, and blackout curtains